JIANREN DE LILIANG

坚韧的力量

——茵晖羽记

李茵晖 著

华中师范大学出版社

录她的体验、经历和感悟，让更多怀有梦想的孩子懂得：成功就是不断地付出，学会感恩、学会承担、学会选择，坚持下去，终究会达到心中梦想的目标。

值得一提的是，书中收录了她在征战中写下的数十篇日记，记录了一名羽毛球职业运动员场上场下的技战术分析、心理分析，让羽毛球爱好者得窥这一广受大众喜爱的运动项目所蕴藏的丰富内容。

茵晖在桂子山求学 7 年，是一名纯粹的华师人。今年恰逢学校 120 周年校庆，茵晖的这本书可以说是献给百廿华师的绝佳礼物。她嘱我为她的新书作序，我非常乐意。校歌有云：仰望星空，立言立功，江山任指点，青春飞扬火样红。殷切希望青春飞扬的茵晖在体育教育与训练工作中再立新功。

是为序。

2023 年 7 月 15 日

目录

JIANREN DE
LILIANG

父母的话

所有小孩的爱好，不仅需要小孩的坚持，还有家长的坚持。比如刮风下雨了，天气冷了或者太晒了，一般的孩子会提出“我不想去”，问妈妈是不是就可以不去了。她也提出过，但我们就是坚持，让她坚持训练。这是我们一直坚持的一点：你既然去训练了，不管什么天气，都不能请假，都得要坚持每天那两个小时的训练，这是必需的，没有任何条件。在她追逐羽毛球梦想的这条道路上，我们也是这样去要求她：在你喜欢的这个项目上面，自己一定要坚持，要克服困难，坚持这个目标和梦想。

在她的成长过程中，她是很令我们骄傲的。从她刚学会走路，再到现在取得荣誉，我们知道她成长了太多。她作为运动员一路走来的艰辛，以及她所付出的努力，我们也都是看在眼里的。除了意志坚定的她，我们还可以看到许多面的她。

选择心中所爱

我们是体育家庭，她的爷爷、奶奶、姑姑和我们都是运动员出身。爸爸是足球运动员，妈妈是田径运动员，从遗传基因来说，她在身体素质方面还是不错的，加上她从小也比较好动，所以我们想让她去学习感受一下各种体育项目，锻炼一下意志力。

爷爷奶奶退休前一直在湖北省体育局工作，退休后喜欢打网球，所以她从会走路开始，就跟着爷爷奶奶一起去球场，基本上一天中可能有半天就是在网球场上。爷爷奶奶打球，她就在场边玩，捡球或者拿拍子玩，这些就是她的玩具，也是她的活动场地。她6岁之前的时光，几乎都是爷爷奶奶陪着她，这种家庭环境对于她的运动生涯多多少少是有引导的。

起初她练网球，只有5岁吧，拍子比她的人还要高，训练的时候有小队友的球不小心打到她头上，她觉得还是蛮痛的。因为她当时比较小，她就和我们说："这个球打到头上很痛，我能不能换一个项

目？”然后，她就去练羽毛球了。

羽毛球这个项目，她上手很快，这个运动给了她荣耀和自信，也大大增强了她对于羽毛球的好感，所以她就选择了她最喜欢的羽毛球项目继续练下去。

在磨炼中成长

她奶奶当时是洪山体育馆业余体校的创办人，所以从小学一年级开始，就把她带到业余体校里面开始训练。那时的她下午下课后就到体育馆训练，练两个小时。体育馆环境很好，教练们也都很喜欢她，队友也都是和她差不多大的孩子。她们一起训练，一起玩耍，她也很喜欢这种氛围。

当时她在那一群孩子里面，属于接受能力、运动能力比较强的孩子，所以所有的领操都是她来组织，出去比赛也都是选派她担任主力。武汉市有少儿比赛，每年都有一次，她八九岁的时候，就已经开始打武汉市的少儿羽毛球比赛了。她顽强拼搏的精神在赛场上很突出，自尊心和好胜心也比较强，这些都是她从小就具备的运动员的基本素养。当时都是家长带着孩子去打比赛，那些家长看了她的比赛表现，也都说她有培养前途。

像这些品质，我们都是让她自发地形成。从小我们就告诉她要有担当，要有遇到困难自己去解决的态度，比如输球了，或者和小朋友产生冲突了，我们都是不参与的，让她自己想办法去解决。还有合作精神和团结精神，我们也是让她自己去慢慢地形成，不会多加干预，还是以她个性发展为主。

所有小孩的爱好，不仅需要小孩的坚持，还有家长的坚持。比如刮风下雨了，天气冷了或者太晒了，一般的孩子会提出“我不想去”，问妈妈是不是就可以不去了。她也提出过，但我们就是坚持，让她坚持训练。这是我们一直坚持的一点：你既然去训练了，不管什么天气，都不能请假，都得要坚持每天那两个小时的训练，这是必需的，没有任何条件。可能也正因为我们的坚持，她也就形成了一种习惯。她对于事情的执着追求，可能也就是这样从小慢慢形成的。在她追逐羽毛球梦想的这条道路上，我们也是这样去要求她：在你喜欢的这个项目上面，自己一定要坚持，要克服困难，坚持这个目标和梦想。

小学阶段，也就是她差不多11岁之前吧，我们陪着她参加武汉市比赛、湖北省比赛及一些选调赛。这些比赛每年都有，而且在寒暑假期间。由于老师的职业性质，所以我们也有时间陪她参加这些比赛。那个时候，我们都是比赛完就在当地旅游，孩子们一起玩，家长们一起交流。小时候，她还是非常愿意去参加省级和市级的比赛的。

第一次出去打全国少年比赛，边打边玩儿

参加的比赛多了，自然就有输有赢。输了比赛当然会很难过，但只要是她输了的场，她都会记下来，会发誓下一次如果再碰到这个对手或者这个姐姐，她一定要赢回来。所以我们和她的教练，对她的输赢，一般不用像对待其他孩子一样去帮她特意排解或者批评指正，她自己就会有一个目标，不需要我们去说教，她总是会在一场场比赛中确立自己一个又一个的目标。在小学阶段，基本都是这种情况，就是一个一个地去战胜，最后她拿到了武汉市的冠军，也拿到了省里同年龄组单项比赛的冠军。

小学毕业以后，她就被选入省二队参加省青年队的集训。也是从12岁起，她就开始独立生活了。那个时候她训练的地方在首义路阅马场，在中南财经政法大学首义校区旁边。她们训练就住在那里，一个星期只能回来一次，大概只能好好休息半天。因为她要独立生活，所以在生活方面我们也是要和她交代清楚，比如告诉她怎么洗衣服和鞋子；在训练方面就没让我们操过心了，她一向对训练是比较认真的，自己会按照教练的安排，认真且自觉地落实。

受挫后迸发

当然，每一个阶段都有打退堂鼓的时候。刚开始走职业道路是因为湖北省队就在武汉市训练，离家近，无论教练、队友还是训练环境，她都比较熟悉。再有每个星期还可以回家一趟，所以在省队时，她并没有遇到很大的困难。

但是进到国家队以后，大概是在国家青年队的时候，产生了一些心理方面的问题。十五岁到十八岁，正是她心理逐渐成熟但也会产生叛逆的时候，离开家乡，独自一个人在外地生活，心理上难免会有些波动，会有想回家的时候。刚到国家队，新队友、新教练、新环境，脱离了原本的“舒适圈”，都会令她产生应激反应。我们也是从运动员过来的，所以我们都是站在专业的角度给她指导、建议，从思想、心理、生活方面开导她，让她尽量去适应环境，改变自己一些个性方面不适应的地方，尽可能地去理解队友和教练，慢慢磨合与队友之间的关系，让她明白这是从少年到成人的过程中必须走的路。其实，有些事情站在她的角度考虑，她还算是比较大气的一个孩子，所以还是比较好做思想工作的。

她的成就，凝聚了很多人的心血，无论是她各个阶段的教练，家里的爷爷奶奶和姑姑，对她的支持和指导都起了很大的作用。当她在职业道路上有退缩时，她在湖北队的主教练，还有湖北省队的领导、乒羽中心的领导，都会从各个角度给她做思想工作，给予她很大的支持，让她明白怎么样去克服困难，怎么样去坚持把这条路走下去。在这一方面，因为家里人也从事专业的教练工作，我们都可以正确地指导她，从专业的角度给她一些帮助，避免她走太多的弯路。

在长时间、高强度的训练下，她也逐渐出现了伤病。其实所有的运动员都有伤病，越到高水平阶段，训练强度越大，越会出现很多专业性伤病。她最严重的主要是腰部，她的腰一直不是很好，运动量超限时，她就会站不起身，比如练杠铃，她就难以支撑下去。去医院治疗，医生也说治好的概率较小，建议不要再进行大运动量的活动，特别是腰部，一旦腰部受到极大的压力，可能会导致腰疾，如果她自己注意得不好，就会影响到今后的生活。这些专业性伤病不仅会影响到她的成绩，也会给她心理带来一些影响，但这也正是考验她意志力的时候，在磨难中锻炼意志，用坚定的意志克服困难，这是她作为运动员必须要走的路。

刚进国家队时，她也遇到了一些舆论上的困扰，她这个年龄段的孩子对于别人的评论比较在意。她的比赛，我们一般都无法现场观战，但是一定会关注，也会注意到许多球迷的评论。比赛总是有输有赢，客观来讲，那些评论都是根据比赛当时的情况而发表的，所以我们当家长的也不太在意，只是看看，没有把这些放在心里，也能看到很多球迷因为她打球，认识她，支持她，我们还是很感动的。但对她本人来说，看到这些评论，尤其是一些言辞激烈的评论，心态和我们大人肯定是不一样。刚上国家队一队时，她是队中年龄最小的，出去比赛，她和张楠配混双，和黄东萍配女双，关注度超出她的想象，成绩有起有落，各种言论铺天盖地而来，对她的评论有些可能不太友好，她有些不适应，这些负面评论对她的影响还是挺大。这时，她的队友帮助了她很多，像张楠、黄东萍，无论是在技术上还是心理上、生活上，都对她有许多正向积极的带动和帮助，为她后面的道路做了很好的引导，所以她也很珍惜这些和她搭档过的队友。

家里永远的牵挂

她去了北京之后，我们和她的沟通基本都是靠通信设备。如果去国外比赛，她就会在当地买一张电话卡，靠电话和微信和我们联系。由于我们的工作性质，也不好请假去看她，因此她成年后，我们就很少去现场看她打比赛了。国际比赛里面，我们只到澳门看过一场。

她回家也回得少，基本都是每年过年的时候才会回来，回来也就最多一个星期，主要是回来看看爷爷奶奶，所以我们一家人也是一年难得见一次面。在她奥运周期的四年里，她基本上都没有回来过，我们也只到北京去看了她一次。家里的氛围还是蛮好的，爷爷奶奶也支持，爸爸妈妈也理解，姑姑一家也都是给予最大的支持和帮助。因为运动员这个职业，它必须用时间去累积，是没有节假日的。

她也一直都很懂事，在外面也想着爷爷奶奶、爸爸妈妈。从进入国家一队以后，她的国际比赛多了，也更懂事了，知道心疼爸爸妈妈了。出国比赛的时候，会给我们带一些保健品或者我们需要的东西，也会经常在国外给爸爸买些衣服，给爷爷奶奶从北京买一些武汉这边买不到的药。2019年，新冠肺炎疫情刚开始的时候，武汉物资比较缺乏，她人在国外，就托北京的朋友快递给我们一些口罩和酒精等防疫物资，爷爷奶奶非常感动，也一直记在心里。

她的性格活泼外向，兴趣也很广泛。除了羽毛球，她小时候还学过游泳、滑板、自行车，也比较喜欢乐器，她练过架子鼓，也学过很短时间的吉他和街舞。这些爱好，由于训练时间占得太满了，也没有深学。另外，她从小就养成了一个习惯——特别喜欢看书。小的时候喜欢看同年龄段孩子都喜欢的各种绘本，长大以后她看一些关于心灵、励志和为人处世的书会比较多一点。从小她看书这一点，我们是比较支持的，而且不限制，只要是她喜欢看的书，漫画和绘本我们都允许。小学的时候，饶雪漫老师写的书很流行，她基本都看完了。后来她出去比赛，也喜欢带本书，箱子里面总会有那么一两本，她的最大爱好就是安静的时候，听听音乐，看看书，来享受片刻的放松。

时间过得太快了，她还没有在我们身边好好地成长，就已经长大了。如今，她选择了体育教师这个职业，她觉得在校园里向学生普及体育知识，也是对她本人体育事业的一种承续，在羽毛球这项事业上她选择继续为国家做贡献。

教练的话

我对李茵晖记忆犹新的一场比赛是 2019 年的瑞士巴塞尔世锦赛，那场比赛她和杜玥打了 126 分钟，我坐在她们身后，夺得胜利时我也有些绷不住了，眼泪在眼睛里打转。当时李茵晖都打到全身抽筋，也咬牙坚持，凭借钢铁般的意志为自己创下了纪录。她在这场比赛中的表现还是非常好的，我也很希望这可以成为她优秀的起点，指引她继续向羽毛球的最高峰冲刺。

国家队女双组教练　潘莉

潘莉：激动的126分钟

在我看来，李茵晖是一名喜欢挑战新鲜事物的运动员，她在训练上敢于创新，挑战自我，遇到不熟悉或者短板的技战术都会去大胆尝试。其次，她也非常好胜，会想尽一切办法做到自己的最好，会主动去分析自己的问题，针对自己薄弱的地方主动要求加大训练量。除此之外，对待训练她有着极高的钻研精神，自己会对高水平运动员或前辈的录像进行深入的研究和学习，对自己的训练和比赛也有着自己的目标。

她在训练上也会遇到许多不顺利的地方，这个时候就需要我们教练员去帮助她了。当她遇到和搭档之间配合不佳的问题，我就会和她们一起坐下来好好聊一聊，把问题摊开，每次聊完，两个人的状态都挺不错的；当她遇到比赛和训练的压力了，焦虑了，我也会用一些别人的真实经历，或者一些我执教过程中发生的真实事情，站在我的角度去帮她分析，让她跳出当时对自己的局限，从旁观者的角度给她分析事情的过程和结果。通过时间的检验，她也看到了效果，我们也就慢慢地建立了师生之间的信任。

除了训练，她在平时生活中也喜欢探索发现不一样的自己，从她身上可以看到年轻人的那种青春活力。面对前辈，她即使取得了不错的成绩，也都表现得非常谦卑和低调，前辈对她的评价也很高。在节假日和我生日的时候会送我祝福和礼物，记得我喜欢的东西。出国比赛还会给我带礼物，都是我心仪的东西，说明她非常用心。从我内心来讲，我非常感动，她待我就像待亲人一样，并没有因为现在退役了，没有和我一起共事了而渐渐生疏，她对我还是很关心。

在我的印象中，关于李茵晖记忆最深刻的事情应该就是2019年苏迪曼杯世界羽毛球混合团体锦标赛了，这场比赛她实现了自己追求的梦想——成为世界冠军，这也是她羽毛球职业生涯的一个转折点，让我很欣慰，见证了她实现梦想。另外一场记忆犹新的比赛也是在2019年，瑞士巴塞尔世锦赛上，那场比赛她和杜玥打了126分钟，我坐在她们的身后，最后时刻我的内心也是五味杂陈，夺得胜利时也有些绷不住了，眼泪在眼睛里打转，当时在场上我记得李茵晖都打到全身抽筋，也咬牙坚持，凭借钢铁般的意志为自己创下了纪录，为自己的这项挑战画上了圆满的句号。她在这场比赛中的表现非常好，我也很希望这可以成为她优秀的起点，指引她继续向羽毛球的最高峰冲刺。

带我们夺得世界冠军的潘莉教练

赵芸蕾：既是教练，也是姐姐

我和她认识的时间比较长，关系也很亲近，因为我们都是湖北队的。但在此之前，由于她太小了，加之我进入国家队后，就一直在北京，我们之间的交流不是很多，后来全运会那年我回到省里训练的时候，王佐（现湖北女二队主教练）一直带着李茵晖训练，我跟王佐是从小在队上一起长大的队友，这样我才开始和李茵晖慢慢熟络起来。在她进入国家队后，我也带了她一段时间，所以在她的运动生涯当中，我们之间的交流还是比较多的，她也非常亲切地叫我熊姐。

她是一个对羽毛球事业有着高目标的人。这方面可能也有我对她潜移默化的影响，因为我也是职业运动员出身，成绩也比较好，所以受到影响的她可能下定决心，要坚定不移地实现成为世界冠军的梦想。我作为大姐姐，也会在思想上和技术上帮助她，比如解决和搭档之间配合的问题，帮助她找到更好的方法去解决困难。

虽然我们私下关系比较好，但是我对她的训练要求还是非常严格的，因为我坚信一句话“严师出高徒”，如果我是真心希望我的学生好，那我就会严格要求她。三届全运会我都带着她上场，她很努力，全力以赴地在场上拼，很珍惜我们搭档的场次。我们场上和场下的感情还是分得比较开的，在场上，我们是教练员和运动员、大队员和小队员；场下，我们是朋友和好姐妹。我希望她不断提高对自己的要求，不断突破自身的极限，竞技体育没有最高，只有更高、更快、更强。

李茵晖是一个对训练和比赛非常认真的运动员。只要训练计划布置下去，再苦、再累，她都不会有畏难情绪。如果有伤病，我们也会及时调整，但是在身体允许的条件下，她都是全力以赴地去对

待训练。

面对各项比赛，她求胜欲望也比较高，同时，她也是一名个性比较强的运动员。其实，如果想要成为一名顶尖运动员，必须要有自己的个性，没有个性的运动员，一般所表现的球风也会没有个性，个性也是一名运动员对于比赛求胜欲望的一种反应。但是，也正是因为她个性比较强，所以遇到事情可能处理的方法会比较激烈，在国家队期间遇到困难的时候，她也想过放弃，会有想回家的念头。这时候，我们肯定是一方面帮她及时调整心态，用我们的经验和在国家队的亲身经历告诉她怎么克服现在遇到的困难；另一方面是帮助她分析做这些事情会带来的一些影响、后果，特别是负面影响，这些我都会给她摊开了谈，然后让她自己去选择。在我给她做思想工作时，她还是懂道理的，接受度还比较高。

我和她在一起的时间并不是很多，主要是通过电话、微信等进行沟通，简单谈谈彼此近况。我记得有一场比赛，她打得不是很好，当时她已经进入决赛了，本来很有希望拿冠军，可是结果还是输掉了。那场比赛我也有看录像，之后我们也就进行了很久的电话沟通。输了比赛的她很失落，所以我主要以鼓励为主，告诉她：输不是最重要、最可怕的事情，最重要的是通过失利的这场球，去总结今后的决赛我们应该怎么去打，大赛中还会遇到的一些问题，赛前如何调整好自己的状态，等等。

出了训练场，她给我的感觉是一个很外向乐观、很细心体贴的女生。在生活方面，她会更小孩子一点吧，喜欢沟通，喜欢一些新鲜事物。还有令我很感动的一点就是，我每年的生日和一些特殊的节日她都能记得，包括我怀孕之后，她也有很细心地帮我去准备小宝宝需要的东西，对我真的很体贴。

刘祁文：心中的骄傲

在我的队员中，李茵晖是非常值得我骄傲的，无论是个人品质、运动成绩、文化成绩，她都是比较出色的一个。

李茵晖幼年时期，我就很关注她，从她的身体条件、思想状态，可以看出她所具备的巨大的运动潜力。她很简单、很阳光，从小到大，她和队友的关系都很好，不会去斤斤计较，也比较容易沟通交流。运动场上的竞争都是直接而激烈，她外向且直爽的性格让她在场上的拼搏精神和求胜欲会更强烈一些，这在一定程度上也让她更具有攻击性和主动性，让她在羽毛球赛场上纵横驰骋。

她进入省队时，也只有十几岁，小孩子难免会有想偷懒的时候，会有害怕困难的时候，这时候我就会想一些办法，去刺激她、鼓励她，让她克服畏难情绪，基本上她每次都能够最大限度地去调动自己，把训练计划完成到最高标准。其实，在我们专业人士看来，她的基本功并不是十分扎实，小时候的一些基础的技术动作掌握得不是很好，再往上提高时就不是很稳定，但是她最终能够在羽毛球的这条道路上取得现在的成就，可见她后天付出了比别人更多的努力。

进入国家队后，我作为她省队的教练，也一直关注她的发展。有一次我们沟通过一个问题，她和杜玥的组合从青少年时期开始，就总是输给陈清晨和贾一凡，所以她有时就会产生不自信的心理，对自己的打法产生疑问，我从她的比赛录像上也会发现她打法的改变，这时候我就会让她多思考，多去发现问题，总结问题，解决问题，帮助她在心理上平稳地度过瓶颈期。有时我也会和她国家队的主管教练沟通，帮助她解决竞技水平提高中遇到的问题。

作为她的教练，我很清楚无数次突破她身体极限的训练给她带来的伤痛，因为竞技体育从某种程度上来说，拼的就是身体。运动员不可能因为出现了伤病，就放弃训练进入休养状态，他们常年都是带伤训练和比赛，这些对他们身体的各项机能都是巨大的挑战。她也一样，在长时间的训练和比赛中，也是负伤累累，但好在也获得了一身荣光。

最后，我也很想告诉她，对于她目前退出国家队的决定，我不会感到遗憾，反而是为她骄傲。毕竟不是每一个热爱羽毛球的人都能冲进国家队，都能在奥运赛场上为祖国而战，都能身披五星红旗登上冠军领奖台。只要辉煌过，就不算失败。我现在更希望她可以好好保护自己的身体，多调养之前比赛训练留下的伤病，打理好自己的日常生活，让自己恢复到最佳的身体状态。

JIANREN DE
LILIANG

我的成长履历

我与羽毛球的缘分其实算是件自然而然发生的事情，因为我爷爷奶奶、父母都是干体育的。5 岁，第一次进球馆，拿起了羽毛球拍，就再也没有放下过。10 岁，决定走职业化道路。13 岁，成为湖北省队的一员，16 岁进入国青队，17 岁进入大学校园，19 岁进入国家队。努力不懈地练好每一天，打好每一次比赛，在每一天的训练中不停地打磨自己， 向着自己的全国冠军、世界冠军，到奥运冠军的梦想一点点地前进！

5岁，第一次进球馆

我与羽毛球的缘分其实算是件自然而然发生的事情。因为我的家人都从事着与体育相关的职业，我自小就接触各式各样的体育项目，最终走上羽毛球职业之路，与我的家庭氛围有着密不可分的联系。

寒暑假到爸爸训练的基地时，爸爸会领着我跟着他的队员大哥哥们一起在足球场上跳蛙跳，爸爸会教我如何练核心，练灵活性，

家里现在还留着一张我小时候和爸爸一起在跑道上奔跑的照片。平日里奶奶会在家楼下教我如何按照节拍喊操，爷爷曾经是自行车运动员，当我开始练习平衡性时，他早早地为我买好了自行车，亲自教我组装自行车，亲自调试适合我的“专属座驾”，让我练习骑行。记

得有一次幼儿园举行自行车比赛，我的自行车被大班的小朋友骑走了，只剩下一辆大自行车，还没有骑过大自行车的我也不知道当时哪来的勇气，看着大家都出发了，也不管不顾地跳了上去，向终点冲刺。除了这些记忆中的童年趣事，滑板、武术、直排轮等我都玩过，想要玩什么的时候，家人们都会满足我。我们家浓郁的运动氛围在不知不觉中就做好了我的体育启蒙。

爷爷奶奶退休的时候正是我茁壮成长的时候，父母在各自事业关键时刻，我跟着爷爷奶奶全国各地地奔波，爷爷虽然退休，但还在推广体育运动，普及网球赛事，为体育事业做贡献。奶奶带着我到广东，教我认贝壳，到了汕头，告诉我有汕头也有汕尾，这些地方哪个体育项目厉害。

节假日，爷爷奶奶还会带我去拓展训练——爬山。在我记忆里，奶奶的目标是登顶中国所有名山，也带着我去了四大名山。奶奶总在登山时和我讲道理，常常会说让我多读书，也要多出去看看，读万卷书，行万里路。小的时候我爬不过爷爷奶奶，他们体力真的太好了。在我刚到国家队时每周有一堂训练课“跑山”，别人去北京香山是去欣赏风景的，而我们是要在限定的时间内跑上去，因此北京香山是很多队友的痛苦回忆，但我并没感觉到苦和累，反倒每次去我都很兴奋，边跑边想起儿时奶奶爬山时对我说的话：

“一步一步爬上去的时候注意的是脚下，只要坚持每一步不停，登顶后的风景会看得更远、更美。”

我真正与羽毛球结缘是出于一次偶然的经历。奶奶经常带着我去洪山体育馆转悠，与她以往的学生见面聊天。当时的洪山体育馆是集武术、网球、羽毛球、篮球、游泳等一体的大型运动中心，本来奶奶是带着我去武术馆玩的，但我反而被隔壁的羽毛球吸引了，当时的羽毛球教练王茂婷，也是我的启蒙教练，递给了我一把羽毛球拍，我下意识地挥了两下，觉得挥舞羽毛球拍很好玩。我家人都是从事室外相关的运动项目，所以当时我的长辈们也没想到我会对从没被人教过的羽毛球产生浓厚的兴趣，甚至还在未来走上了羽毛球职业道路。就这样，冥冥之中我选择了羽毛球，差不多从5岁开

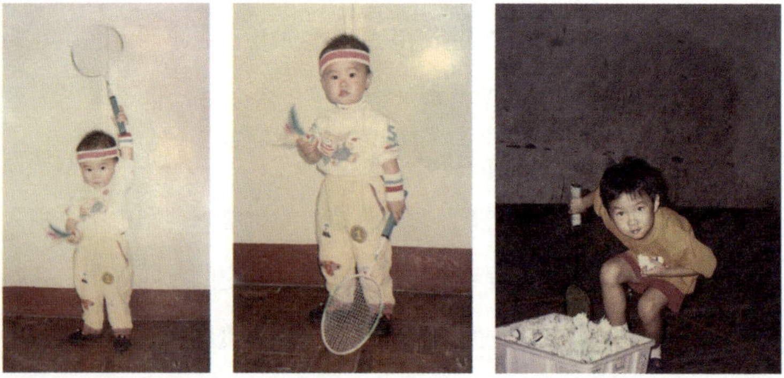

挥了几天拍，我就敢和比我大得多的人打比赛，憋着一股劲在场上各种摔，不放弃每一个球

始，就开启了我与羽毛球的缘分。

其实呢，小时候打球除了是因为家人想要培养我的兴趣爱好，也因为我小时候特别活泼好动，有一身的精力没地方发泄，家人就让我学球来了。但也不是每天都去球馆学球，基本上是三天打鱼两天晒网的，晒网的时间还在学架子鼓。

开始训练后，教练对我们特别严格。如果有小朋友偷懒或没达到训练效果，他就会从大扫帚上面抽下一根竹子打屁股。但训练结束了之后，教练就没那么凶悍了，对我们很好。

我现在再回头看第一次进球场的经历，就产生了很多感叹。我想起我小时候和家人居住的体委大院里，有一栋冠军楼，世界冠军和奥运冠军的家庭可以入住。每次遇到冠军楼里的“大明星”前辈们，我爷爷奶奶就会和我介绍对方的冠军履历，讲起他们的冠军趣事，这时候邻居也会笑着问我未来想做什么，我就很坚定地回答：“我想像您一样拿世界冠军，也住进冠军楼。”当我开始打羽毛球之后，别人也会问我，“想不想拿世界冠军？”这也许是别人对我的一句调侃，从小到大每次面对这个问题时，我都会坚定地说“想！”从童言无忌到实现梦想从来没有改变过。

也许当初被我奶奶领进球场那天，从拿起羽毛球拍的那一刻开始，一切就已经注定，我注定会经历这些坎坷与挫折，也会接受鲜花与掌声，走上我的信仰之路

13岁，成为湖北省队的正式成员

小学五年级，我已经开始走训了。半天上学半天训练，上午一般都在学校上课，下午我就向学校请假，因此每天上午主课结束后我就骑着自行车赶到阅马场去训练，每天如此，这样坚持了两年，直到小学毕业。

小学快毕业时，我和家人都意识到，必须要做出选择了，是要继续读书，还是要走职业运动员的道路？一次训练结束后，妈妈问我是想继续练球，还是就此退出准备上初中。她同时也告诉我，如果我选择打球的话，这将会是一条非常艰苦且没有退路的路，要坚持走下去。我就跟妈妈说："我还是想打球，我想试试。"作出决定的过程就是如此，通过这样跟父母表决心也好，全家在爷爷奶奶家开家庭会议也好，家人们最终都支持我的决定。我那个时候还没有意识到，成为职业运动员意味着要付出更多的努力，会更加辛苦，读书的时间越来越少，训练的时间越来越多，是一条未知路。其实，我爸妈当时是不太希望我走职业运动员的道路的，因为他们也是这条路走过来的，知道这其中有多辛苦也知道竞技体育的残酷性，冠军只有一个，而参与的人要面临层层淘汰。但是，爸爸妈妈还是尊重了我的选择，我正式向成为职业运动员的道路迈进了。

2008年，我进入湖北省预备队。预备队，顾名思义，就是预先准备着，时刻准备着，一旦实力上升，竞赛成绩可以的话，就会再往上升，进入二队、一队。湖北省队分为一队（成年队及青年队）、二队（正式队及集训队）、三队（预备队），是按年龄与水平划分的。

10岁那年，我选择了走职业运动员的道路

在湖北省队预备队的我，前排右二就是我

以前在洪山体育馆业余体校的时候，觉得自己已经很厉害了，但到预备队就不一样了，遇到的队友要么与自己水平差不多，要么更厉害，这种感受与之前是不同的。小时候只是把打球当作业余爱好，是在玩，没有真正下功夫。但到了预备队之后，打球成了我的专业，我需要回过头把之前的基本功补上，练习基本功，让我觉得很枯燥。

在预备队的两年也是不断在打调赛，先从市比赛打起，代表武汉市的每个区打市级比赛。我记得当时我打了一个市运会和市锦标赛第一名的成绩，就代表武汉市去参加了省运会和省锦标赛，省运会获得了全国的前八，我就从预备队升到二队了。

回忆起从开始集训到正式进入省队的这两年时光，“攀登”一定是其底色。之所以说是“攀登”，主要有两方面的原因。原因之一就是选拔赛制，职业运动员通往世界冠军之路就是一路选拔一路淘汰，每轮集训结束会筛掉一批队员，然后进新人打选拔赛，再筛选再淘汰。省预备队集训的日常就是有进有出，一直在选拔，一直在淘汰，这样的日子逐渐成为我生活的一部分，虽说很残酷，但我却越来越目标明确了。原因之二是我进队的那一年，湖北省女队很整齐，当时不缺女队员，没有老队员退役，我们这一批就一直进不去。

省队的训练虽然苦，但我一直乐在其中

就这样经过两年的选拔，2010年，也就是在我13岁的时候，我终于正式成为湖北省队的成员了，这一年我已经去打全国青年赛了。

到省队后，一切都觉得新鲜，离开家住宿舍，集体生活开始了。我们刚上来的6个最小的住在一起，突然有了室友，大家都很兴奋，用零食打通了我们彼此之间的陌生，每天晚上天南海北地聊天，“你从哪里来呀？”“你之前在哪个学校呀？”渐渐地，我在学校上课的时间也减少了，变成每周二、周四上午上文化课，其余时间都在训练。

省队当时的训练条件比起现在还是挺艰苦的，那时候羽毛球也不像现在这么火爆，场地就是简单地与篮球场共用，木地板上贴了看不清的线。周末我们还会去音乐学院买松香，踩碎了让鞋底沾满，为的是不在木地板上滑倒。

这段时光中，我特别感谢王茂婷教练和田敏教练，她们非常喜欢我，放心地让我当小队长，帮教练去做一些事情，这段小队长经历让我很自豪。还有我在省队的第一任教练刘导和对我最好的佐姐，也是陪伴我最久的教练和姐姐。刘导和佐姐对我的训练都很严格，我练得不好的时候刘导对我格外严厉，每次他训斥我的时候，我还是蛮难过的，但过一会我就好了。佐姐也是，正课结束后佐姐还会带着我加练，就这么在刘导和佐姐的一唱一和下，那几年我的进步神速。

湖北省队的这几年对我影响很大，是我从少年运动员走向国际舞台的准备阶段，这几年的基本功训练，为我后面的发展打下了坚实的基础。

16岁，进入国家青年队

2013年，刘导带我们去重庆打全国分站赛，这是我参加的第一个全国青年赛。此前，我们没有参加过这种大赛，压根儿就没想比赛会打成什么样，第一次去重庆，天天就是和队友出去各种吃吃喝喝，秩序册上的对手一个也不认识，也不知道谁厉害谁打得好，懵懵懂懂地居然拿了一个重庆分站赛的冠军，后来才知道拿了分站赛的冠军就可以去参加国家青年队的选拔赛了。就这样，2013年，我16岁的时候进入了国家青年队。

我至今还记得那场比赛，夺冠之后刘导很兴奋地对我们说的第一句话就是，"你们看看，看看，我带了两把打火机，就是为了你们'火好'！"武汉话"火好"就是"运气好"。

进入国青，就意味着一个脚尖试探性地踏入羽毛球入门级的国家最高学府。当时带我的是谢导，那种梦幻般的感觉还历历在目。"原来自己离世界冠军这么近！世界冠军在给我当教练诶！"这是

2013年，海南陵水国家队训练基地刚建好，我们是第一批去的国青队队员

十分光荣的事情。

相较于省队，国家青年队是一个更大的舞台，队友都是来自全国各地的优秀青年运动员，每个省也就一两个，都是经过层层选拔出来的、全国前八的水平。相应地，我就会很有压力。

和国家队有所不同的是，国家青年队是集训性质的，每次集训时间三个月左右。到集训地点以后，教练先开会布置训练任务，测试体能，如400m×5、800m、1500m、绝对力量、跳绳等专项体能和基础体能项目，刚开始出一个体能排名到集训结束再测一次，当然也会打测试赛进行排名。

国青的集训对抗性很强，训练量也非常大，我们一整天都在训练，包括晚上，淘汰每一刻都有可能发生。如果说你有哪一项或者哪一方面不够突出、做得不好，就有可能被淘汰。教练会记录我们每一天的训练情况，随时都有可能来一场比赛或者测试，就是为了看谁能坚持，谁的潜力更大。这种竞争的机制下，每个机会都很重要，如果你不珍惜、不把握，就会被淘汰。

在国青，淘汰时刻都可能发生

在国青，我们主要的任务就是训练，但从青年队到国家二队的过程中，我们就有世青赛、亚青赛的出征任务。赛前训练是很苦的，队友们一起穿着沙衣沙腿跑步法，练极限多球，打完一筐球还没完，必须再打一筐。那时候小，在场上经常是一起边练边哭，大哥哥大姐姐都结束训练下课了，我们在教练的陪同下还要在田径场往返跑十个来回，姐姐们看着可怜巴巴的我们，还会幸灾乐祸地调侃我们“加油，我们都是这样过来的，先去食堂给你们看看有什么好吃的”。和队友们朝夕相处，一起共患难，到了训练场、比赛场上又是竞争对手，在这种互相刺激、良性竞争的过程当中，我们进步其实是非常大的。

世青赛、亚青赛备战中

我在国家青年队时间不长，但收获了许多不快乐的人生第一次：第一次独自在外高烧40℃，烧到肺炎住院；第一次因病退赛；第一次跟小时候的搭档分开。当然也有快乐的第一次：最后一期国青集训，我当上了国家青年队的队长。

不久之后，我就进入了国家一队，独自成长的路程也才刚刚开始。

2012年8月
国家队集训总结（东莞）

为期一个月的东莞集训结束了，这是我第一次来国青队集训，很兴奋，很想证明自己，但也很紧张，很着急。刚来的时候觉得自己跟不上大家的脚步，因为脚伤，前两周的训练都不正规，断断续续的。

本次集训首先学到的是作为一个年轻运动员在场上应该有的精神面貌，必须要有求胜欲望，有不服输的斗志，有拼搏的精神，这些是作为一个年轻运动员必须要具备的。

训练方面，我清楚地认识到了自己的不足。技术上最主要的问题还是球的线路变化太少，都是直来直去的；场上的节奏控制、软硬球、网前、后场的连贯性都还要加强；在发接发上出现的主动失误较多，出球的质量和变化都有所欠缺，接发抢点抓点的意识在今后的训练中自己要多去摸索。我要把教练教的新的训练方法和新的训练理念带回去，带到我今后的训练与比赛中，继续努力训练，让自己的能力得到全面的提高。

训练中感觉自己比以前更有目的性了，原来遇到问题的时候

用心去学、去听、去理解教练说的话

自己会很着急，想去做好，可是一着急反而什么都做不好。现在遇到问题会冷静下来，耐心地听教练讲，然后去想办法解决。自己在场上有了更多的耐心，不像以前一样，想一两拍就解决战斗，出球的目的性和后场组织进攻的能力也有所提高，这是自己此次集训的突破。

训练虽然很辛苦但也很开心，因为结交了很多新朋友，她们都很优秀，都有自己的特别之处，她们每一个人的优点都值得我去学习。

一个月的集训转眼间就结束了，我不仅仅是训练上有了新的突破，生活上也得到了锻炼，独立在外生活，应对各种困难，也有了这么多共同奋斗的队友、朋友、教练。很感激这次的集训，它会成为我生命中美好的一笔，是永存的记忆。后面的任务就是继续努力训练，希望能在后面的淮北比赛中夺冠，在这两年里通过努力的训练让自己更上一层楼，争取进国家队。

2013年3月
国家队集训总结（海南陵水）

为期一个月的国家队集训结束了，虽然很短暂，但这一个月里我学到了很多，从平时生活的一点一滴到训练中的每一堂课，我都很珍惜、很用心地去感受和体验。

这个月训练上最大的突破就是双打技战术的运用，从思想上了解女双，了解羽毛球文化，了解双打的基础环节和发展规律。

优秀双打运动员的技术门槛就是发接发，此次集训针对发接发的训练我感觉自己进步很明显。以前对发接发的认识是很模糊的，认为接好对方的发球和发好球就行了，但来到国家队以后从思想上对发接发有了全新的认识。没有高质量的发接发，就没有高水平的攻防转换，发接发的好坏直接影响这一回合球的主动和被动的形势。通过一个月的集训，我发球的节奏控制和第三拍抓球的意识都有了提高，下一步，还要大胆尝试接发球的落点变化。要做到这些，自己在平时的训练中就要很用心，要带着问题和思考去练，从思想上将对发接发的重视带到每一天的训练中。

攻防实力是双打的关键环节，在攻防上自己也有了不小的提高。

原来我的进攻落点、后场的主动控制线路都很单一，习惯球路也很明显，通过这一个月的训练，自己不再盲目进攻了，在主动球的控制上面也更耐心更动脑筋了。进攻的方式多了，在场上的变化就多了，对自己后场有了信心，就会去掌握进攻的节奏，对什么样的对手就用什么样的进攻方式去破坏她们的节奏。

防守跟进逼压是反击的必要条件，防守也是为了创造进攻机会，所以自己在场上有意识地去防守，有目的地去出球。但正手还要加强，总是喜欢去转身，这样就慢了，今后在训练中要多寻找感觉、多去体会。

羽毛球这项运动尤其注重核心力量的训练

必须要提醒自己的是：要加强手腕、小臂的力量。这一块虽然有提高但还不够，尤其在发力和并力方面还很薄弱。手上的速度很匀速，想加速的时候发不出力，这也是自己要再去提高的。

体能方面的专项灵敏训练和核心训练对自己的帮助很大，自己在场上脚下的小步调整和两边移动很慢，这些专项训练可以有效改善这些问题。核心训练可以加强我出球的稳定性和防守时的重心，以往接吊回中心后人老是容易散，现在注意了这一点，也加强了核心力量训练，在场上就会要求自己把身体控制住。这些细节都要在今后的训练中慢慢地去做到最好。

集训的最后一周打了一次队内循环赛，总共打了9场，有输有赢，每一场球我都是全力以赴地做到最好。复盘这次循环赛，每一场比赛我都有收获，特别是打辽宁那场，虽然输了，但换来的是后面比赛平静的心态和冷静的思考，这也代表经过了这一场球后自己更成熟了。在今后的训练和比赛中要把自己浮躁的心沉下来，心静点，定一点，这样才会强大自己，慢慢地成熟起来。当然，自己的问题还是很明显的，最主要的就是手上的稳定性还要加强，场上进攻的落点变化和进攻连贯跟进还是有局限，连续失误和对手局面占优的情况下，自我调节的能力还要加强。

2013年5月
国家队集训总结（北京）

为期四个半星期的国家队集训结束了，这是我第二次来到北京参与国家队短期集训。第一个星期学新东西时我不能够完全听明白教练教的，在场上老出错，脑袋里面迷迷糊糊的，慢慢地到最后一个星期，我差不多可以合理地运用教练所教的技战术了，看到自己的进步很开心。

这次来北京集训，我的学习方向主要是羽毛球技战术的理论及实战运用能力。双打的基本要求是球向下、重心稳、连贯快、推压分边形成双压、挡网跟进贴紧网前等，这些技战术要领都是为了在比赛中能争取主动，创造进攻机会。通过这些理论的学习，我更深入地认识了如何去打好羽毛球。

通过这一个月的训练，感觉自己在以下两点上有了一些进步。

一是关键分的把握。以前到了关键分时，自己急着想拿下这一分，很想一两拍就能打死对手，反而容易失误。现在，在关键分的处理上心态沉稳了很多。在关键分时一定要保证精力高度集中地全部投入进去，在不出错的情况下耐心寻找机会，不盲目进攻和加速，在相持中制造最有效的机会再全力去打。

二是与对方打相持球的能力提高了。原来在球速快的相持球中自己不管出什么质量的球都往前冲，球压不住对手就会很舒服地向下打，拉起多拍来失误的肯定是我。现在在球速快的相持球中自己首先站稳，与对方持平，一拍一拍地打，精力高度集中，连贯好下一拍，等到对方的球冒头再全力去打。与对方拉多拍时，自己的想法不能太多，要有耐心，对方不失误我就不失误，打简单点，拼能力，等到对方出错。总之，心态不要急躁，耐心地去打，思路就会清晰很多，就会减少一些不必要的失误。

虽然以上这两点自己有了进步和提高，但离稳定还远远不够，在今后的训练中还需要不断强化。

在国家队学到的技战术，平时训练中要大胆尝试、大胆运用，走出舒适圈，在比赛中才能稳定地发挥出来。

发接发是双打中的关键环节，以前在对方发接发变换了节奏后我的处理球质量不高，直接被打死和直接性送分的无谓失误、连续丢分常常出现。究其原因还是自己在发接发上的精力不集中和应对对方变化的准备不够。在后面的训练中，从发接发开始，精力就要高度集中，对方变化了就要有更多的准备去限制对方，不能让对方这么轻易地占据主动。

再次来到北京，来到国家队，再次走进中国羽毛球队训练馆，自己很珍惜，珍惜每一天每一堂训练课、每一个学习的机会。这是聚集了中国最优秀的羽毛球运动员，站过一代又一代世界顶尖选手的舞台，也很感激国家队教练传授我们更高水平的技战术，帮助我们发现更多羽毛球的秘密。一个月听起来很短暂，但又能有几个这样的一个月呢？这一个月让我一生受益。

后面马上就是全运会了，自己争取能够发挥出在这里学到的东西，争取闯入全国最高级别赛事的决赛，能够有更多的机会为省争光、为国争光。为了自己的梦想我不会停止奔跑的脚步，继续努力不懈地练好每一天，打好每一次比赛，在每一天的训练中不停地打磨自己，向着自己的全国冠军、世界冠军到奥运冠军的梦想一点点地前进！

2013年10月
世界青年锦标赛比赛总结（泰国曼谷）

2013年10月21日至11月4日为期15天的世界青年锦标赛在泰

国曼谷落下帷幕。

团体赛，教练未安排我上场，因此我的主要任务就是当啦啦队为团队呐喊助威，做好后勤。这些工作让我得到了很好的锻炼，记录每场对手的特点，为中国队的下一场比赛做准备。团体赛最后的结果让我们每一个人的心里都留下了遗憾，但场上运动员不放弃每一分，不放弃每一球，拼搏到最后一刻的精神，我都牢记于心。

单项赛我参加的是女双。第一轮的对手是东道主泰国队，上场前对对手不了解，又是自己的第一场球，所以在比赛的前一天晚上对场上可能遇到的困难做好了充足的准备。第二天上场前充分活动开，上场后叫一叫，积极地投入到比赛中。上场后，我发现这样积极的赛前准备起到了很好的效果。这次的比赛场馆很大，球速慢，顺逆风非常明显，再加上对手是主场作战，注意力稍微不集中就会连续丢分。一开始我们和对手分数还是交替上升，自己的主动失误也比较多，第一局间歇后明显感觉自己放开了，第一局结束后一鼓作气又把第二局拿下了。16进8的对手又是泰国队，这一次我们未能取得胜利，三局落败，但即使第三局大比分落后，我们也没有放弃，坚持要有想法地去打，这也算是我的另一种收获吧。

国家队给了我们这次参赛的机会，可我们太不争气，没能为祖国拿回冠军。在今后的训练中我保证付出更多汗水，不怕吃苦，不怕劳累，希望能够争取到下一次报效祖国的机会。

通过这次世青赛，我看到了自己与国外选手的差距。关键时候不敢打就是对自己技术和能力的不自信。这种自信只能来源于训练，只有训练到自己足够强大才会更坚定，才不会对自己产生怀疑。今后的战术训练中要敢打，敢去变化，敢去与对手斗，做到全面开花。

2013年12月
国家队集训总结（北京）

为期三周的国家队集训转眼结束了，能再次来到国家队与大家一起参加集训，自己非常高兴。

总体来讲我对自己这三周的训练不是很满意，特别是在细节上。现在场上自己最大的问题就是细节上处理得不够细心，对球的判断、出球的目的性不够，总是打很多习惯性的球路，打出去的球很顺手但没有想法，进攻组合的运用手段不多，在今后技术训练上还要很用心地去解决这些存在的问题。

1.防守要有目的性，注意反击的意识，手上不能松，打完一拍连贯下一拍。平时多练上下手、抽墙以加强熟练性和出球的速度、发力的集中。

2.发接发的前四拍要敢去抓对手的习惯球，网前要抢高点球向下，保持重心和连贯，学会看对手的空当和位置出球，而不是习惯性出球。在有质量的情况下保持脚下移动，球不落地脚下不能停。

3.后场进攻的线路还要多变，包括杀球的落点要有讲究。进攻多变性组合、球速的变化也要丰富，学会去用手指手腕加快球速。

4.学会控制情绪。失误了，一味着急不能解决问题，连续失误出现情绪波动时要学会自我调节，不要让自己钻进去。要想球，准备下一个球。

比赛中什么样的情况都有可能发生，不能让伤病给自己带来顾虑，只要上场了就不要为自己找任何借口，无论多么困难的局面都要顶住，只有思想坚定了才能做好细节。

自己的缺点很多，问题不少，但我有信心去一个个地解决，努力做一名优秀运动员，为国争光，为自己的梦想前行。

2014年2月
亚洲青年羽毛球锦标赛比赛总结（台北）

2014年亚洲青年羽毛球锦标赛2月16日至2月23日在台北落下帷幕，此次亚青赛我们完成了自己的目标和任务，一路打到决赛，自己也受益匪浅。

首先开始的是团体赛，能够代表中国队打响第一炮自己很开心也很兴奋，这是自己第一次上场为中国队拿下一分。夺冠以后大家都非常开心，好的结果都是大家一起努力得来的。

个人单项赛，我的主项是女双，一路打下来困难重重。

第一轮我们对战新加坡，由于天气的原因比赛的前一天我发烧了，整个人提不起精神，身上无力，在场上找不到自己应该有的节奏，人很不定。打完以后自己也在思想上做了总结，那就是越是身体状态不好越要在赛前多调动自己，因此随后的比赛，赛前我都是非常充分地准备好，活动开。

第二轮比赛对韩国，打得非常激烈。第一局21比19险胜，前半段双方都在打前半场，我们老是被压住，比分也一直很胶着，教练不断提醒我们在场上定一点，耐心一点。直到后半局我们才打出自己的节奏，拉起来防守，进攻打连贯，耐心打多拍，一直压制出自己的习惯球，最后的关键分耐心地打多拍才拿下第一局。

场上是对手，场下是朋友。比赛之余，韩国队到我们宿舍来玩

第三轮的对手是印尼。赛前制订的战术就是多拍耐心，把球打开，把场地用足，让对手跑动的范围变大，因为印尼队的主要特点就是手上技术很好，站在那怎么打都行。场上不断提醒自己每一拍后面都多准备一拍，耐着性子打多拍，让对手不舒服，在场上没有前面两场那么慌，顺利过关。

第四轮半决赛，我们的对手是日本队。日本队就是能磨，什么球都能捞过来，这一场比赛我们打满70分钟，过程非常艰辛。第一局在自己有精力、有体力的情况下，我们很耐心地去寻找进攻机会，虽然比分也很胶着，但我们并不急，脑子也很清晰，出球也有目的性。第二局前11分也是一直在保持，但明显感觉到自己的精力和体力都在下降，后半段对方改变了战术，不与我们打发接发，开始跟我们磨，慢慢打。我有些着急，怕自己跟着她们的节奏走了，就全力加速去攻，有一点机会就去强攻，结果适得其反，自己没有顶下来，而且速度一快自己的体能消耗更大，对方防得反而很舒服。第三局，我们和对手消耗都非常大，前11分我们是大比分领先的，11分间歇后精力下降，再次犯下急躁的毛病，又想一两拍攻死，反而让对方连续上分。拉近比分后双方形成多拍，几个多拍中我还是急着想去先限制反而失误。最后打到关键分时，我们也没有什么战术了，就是告诉自己不要着急，没有绝对机会打死的球脚都不能停，打到最后双方都没有绝对实力去打死对方，就是靠能力和意志去顶。

最后，我们成功与队友会师决赛，收获了亚军。下来以后自己也没有因为获得亚军而开心，反而觉得力不从心，很没有信心。因为我们都是同一批的队友，可自己无论是技战术运用、手上实力、得分手段、比赛经验，还是思想上的成熟性都不如队友，感觉自己与队友的差距是多方面的。

2014年10月
国家队集训总结（北京）

此次进京为期两个月，我主要是围绕自己的特长特短进行针对性训练。训练过程中服从教练的安排，执行力第一，尽快消化教练教的新东西。

特短训练包括以下内容：

第一，我的后场进攻连贯不错，但出球的合理性和落点的变化不够。因此，本次集训加强了自己出球的落点变化，杀、吊、高球的合理性，包括怎么围绕自己的特长来打等方面的训练。训练要达到的目标是出球合理，有自己的一套出球线路。

第二，我的核心能力不足，并力那一瞬间力量太分散，防守转进攻的那一拍的变速不够凶狠。因此，此次集训加强了发力集中和并力核心训练，主要解决防守时脚和手的同步配合、进攻时脚上面的力量往上的传导、脚步上的节奏和调整步的步法等系列问题。

防守，球速要快，手上要有实力，手脚协调发力，才能摆脱出去

特长训练包括以下内容：

第一，特长训练中的发接发环节。包括发接发节奏的控制，

发球的变化，接发球第三拍的连贯，连续多拍的出球质量。对发接发怎么重视都不为过，因为得分效率最高、丢分最快都在发接发上。

第二，特长训练中的防守能力。包括防守转换能力、防守摆脱能力、防守反击能力，都要不断地巩固。虽然防守转换是我们的特长，但防守的球速还不够快，因此在两周的加练和专项技术中我们都以防守训练为主，让我们的防守变得更强、更扎实。

2014年12月 全国羽毛球锦标赛单项比赛总结（佛山）

全国羽毛球锦标赛是每年全国赛中最高级别的赛事，今年在佛山举办，为期10天。赛前我给自己定下的目标是冲进前四，最终女双获得第三名，对第一次参加锦标赛的我来说，完成了自己的目标，但我觉得还远远不够。

女双与天津队的比赛，第二局打到30分才拿下比赛。打到30分说明了两个问题：第一，对场馆的风向、场地空间和球速的准备不足。这次场馆的风向和以往遇到的不太一样，这个场馆顺逆风、侧风都很大，加上用的是快球，因此双方都不会轻易起球，为了争夺主动进攻互相限制更加激烈，全场双方几乎没有任何的起球，整场比赛下来真正靠进攻得分的没几个。这也给我提了个醒，那就是下次比赛在适应场地的时候，就要做好有风或者风很大的时候，我们应该采用的战术的准备，同样地，对方会采用什么样的战术，也要早做预判。第二，能打到30分并且还赢下了比赛也是对自己的一种肯定，说明自己在关键分的时候能够做到不失误，敢打，耐得住，知道了在关键的时候更应该保持精力集中，冷静出球。

半决赛这场球让我很自责，很苦恼。半决赛我们对阵八一队的肖嘉和郑雨，1∶2，我们输掉了比赛。第一局打得很好也很顺；第二局换边，风向让我开局就打了几个空拍，越是小心地对准，越是打不准、越着急，比分落后，间歇过后自己在发接发上专注了，比分也追了上去。但对方在发接发中半场反手这边限制我们，连续的丢分和失误让我又急躁起来，急急忙忙地想打快、打速度，球反而都在对方手上，输掉了第二局。第三局开局一直很胶着，我还是紧盯发接发，尤其是逆风这边，发接发和前半场我盯得更紧。到后面关键分的时候感觉自己反而比前面放得开了，前半场主动挡空，抢高点去推压、勾搓都打出来了，可惜防守太多而且很盲目，没有达到反击的目的，最后很可惜地输掉了这场比赛。

一路打下来，明显感觉到自己发接发抓球拿球、中前场的控球和网前的主动勾放都有提高，也拿了不少分，这个是今年最大的进步，说明自己的技战术更加全面了。这应该归功于自己平时训练的积累，只有在训练中足够熟练，足够精进，在比赛中这些技术才能用出来，在关键分中才敢去打，敢去做变化。

本次比赛中我的不足之处在于：虽然技术全面了，但特长不够突出。我的特长是后场进攻的连续性，但往往在第一局体力精力都充沛的时候杀球能够杀得很实，也有自己的线路，但到了第二局时动作就开始甩了，场馆一大，顺逆风很强，我根本没有办法去控制好球。

今年的比赛也都结束了，很遗憾没能取得更好的成绩，接下来的训练中更要卧薪尝胆，沉淀自己，习得更多的知识，练得更好，准备明年的比赛，加油！

后场能力包括：后场进攻的连续性、后场杀球的落点、杀球的连贯、后场的移动等。

茵晖羽记 9

2015年8月
国家队集训总结（北京）

本次北京集训自己的收获主要有以下几点：

生活上，懂礼貌，尊敬师长、前辈和工作人员，遵守一切规章制度。

训练课上，多看大队员、大姐姐们的训练，从中学习她们的技术和思想境界，技术训练中多用心听，吸收转化成自己的东西。珍惜集训的每一堂课。

养成良好的训练习惯。细心做好每一个环节，从准备活动到训练结束的放松都要重视，这也是训练中的一部分，只有好的休息和牵拉才能有好的体力练好第二天。

第一次去国家队力量房

战术训练方面，出球要严谨，不随意放球，球不落地都要竭尽全力去拚，珍惜每一分。累的时候，精力下降的时候要靠意志品质去顶，谨防自己的随性随意。

面对比赛、训练中的压力，要有好的心态敢去承担，转换成动力，更积极向上地努力训练。

集训是一种经历，珍惜集训的每一天，每一天都不要给自己留退路，逼着自己向前进，把累和痛苦当成享受的过程。

2015年10月 泰国黄金赛比赛总结

这次在泰国的比赛，我收获了女双冠军。去之前也没有想过要打到什么成绩，只是想着每一场球都全力以赴，把自己平时训练的东西打出来，能够全力杀绝对不会保留体力，多打一场赚一场，算心态比较好吧。

总体来讲，这次泰国黄金赛进步的地方包括：

发接发方面，无论是发球还是接发球都有意识去抓，推压完然后形成双压，发完球抓中半场形成双压，第三拍发力抽弹形成双压，这些战术都很成功。

进攻方面，当对手有意识去拉两边，防守位置靠后的时候，我们就点杀、轻杀、点吊、慢吊、快吊，高杀打对角相结合，半场抓变速，攻得既坚决，又有节奏和线路的变化。杀球，同一个点不超过两板。相持球，抽压速度快，敢去发力。看对方位置出球，把球打开。防守位置很前，有意识去抓反击。

单纯打攻防、比赛节奏的把控和比赛经验方面我们都不如对手。我们的特点就是速度快，在快速中去变化，让对方一直在动，一直在找球。

做的不好的地方，也主要有以下几点：

第一，前半场技术需要更细腻。网前搓勾失误多，前半场一旦没压住我就很容易出错。网前抢、放、勾、扑这些技术还要精进。向前的意识不够，推压完没有有意识地去往前跟进，连续压；发接发第三拍，中半场发力抽球的精准度还要加强。这场比赛中，在双方都不起球抢前半场的时候，我的反拍线路不多，失误几个后容易打虚，直线很少，对方球向下时回球绕过第一个人打到结合部的这种球没有。

第二，后场进攻，小对角追身球没打出来。打到关键分时，敢去抢敢发力，但球的质量和落点都太单一了，球太直，人上去以后看到对方位置，没有切小中路停顿打边线和勾对角这种球。

第三，我的优势是速度快，一上场我就会加速，但没有结合吊点，一味加速，这样对方在适应我的快速以后接球就很舒服了，反而效果不好。究其原因，还是对出球的节奏变化掌握不好，一个节奏打到底，节奏上的变化还是不够全面丰富。控球时有看对方的位置出球，但技术还是不够细腻。

中前半场逼抢推压，抓球跟进

这次比赛自己收获的有积极的心态、临场应变能力和执行力。只要上场了，思想上就是积极地带动脚下手上，在场上就是简单点，没那么多顾虑，全力放开自己。连续失误的时候，坚定执行教练制订的战术，相信教练对场上的分析，相信搭档。

一个冠军说明不了什么，要改进的地方还很多。回去要加强技术全面性的训练，不同的点要有不同的处理方法、多种变化，对自己出的球要坚定并能够连接和连贯起来。速度快和后场进攻是我的优势，这些优势要保持，同时还要加强中前场技术和小技术的运用，发接发坚决，抓球，中前半场逼抢推压，让自己有更多的手段去围绕自己的优点来打。

茵晖羽记 11

2015年11月
世界青年锦标赛比赛总结（秘鲁利马）

2015年世界青年锦标赛在秘鲁利马落下帷幕，这是我的最后一届青年赛。中国队获得混合团体冠军，我个人收获了女双银牌。

女双从团体到单项一路打下来，对手都没有给我们制造太大的困难，打到半决赛对日本那一场困难出现了。第一局，我们打得很顺，在对手还不敢打的时候我们执行战术很坚定，以自己为主，先抢发接发。前半场，双压中找机会变速，拉起多拍时防守也很积极地去变化。第二局，对手打得很积极，我们开局抓得不是很好，精力下降以后自己的前半场抓球、推压逼抢的意识就慢了很多，防守也很被动没有反击，第二局被打蒙了。第三局上去之前就调整心态，让自己冷静下来，回想一下前面成功的战术，比分一直到11分都很胶着。换边以后和同伴沟通了一下，跟第一局一样抓开局，抓前半场，发接发过了以后先以抽压为主，逼抢，有机会我再变速强攻，两个人在统一战术以后上分上得特别快，发接发也连贯得很好，打到后面几乎没有让对手得分。

半决赛自己最大的收获就是知道了在场上如何去团结两个人的力量。交流、配合、包容都很重要，这是我们半决赛能够及时地调整过来、扭转局势的决定性的因素。一个人的力量再大也不可能大过两个人，双打中不能缺少的就是与同伴的沟通，做好自己去调动同伴，负面的情绪自己学会控制，更多地传达正能量给同伴，才能把两个人的力量发挥得更好。

决赛对贾一凡和陈清晨，双方都很熟悉，都会去限制对手。第一局，我们在关键分上没有处理好，比分相持的时候我们的防守还是太多，没有特别好的得分手段，心态上也产生了变化。第二局，对手的体力、精力下降了，我们就很耐心地去拉开，然后打变速，再去抢发接发。第三局开局我们打得也都不错，到了后半局对手加速了，我显得有些着急，就开始寻找机会进攻，位置不太好的情况下也很勉强地去进攻，反而给了对手机会。

决赛中看到更多的是自己能力上的不足。决赛中自己很明显地感觉到第一局和第三局后半段，对方在加速和有动的时候的速度，几乎都是压制着我们在打，只要对方加速，我们的限制就很薄弱，得一分很难，丢分却很快。其实，我们赛前的体能训练还是很踏实的，在成都一个月的集训中积攒储备了很多能量，身体素质有了一定的提高，但和她们打对抗我们在速度方面的劣势还是很明显。希望在下一次的比赛中，对手变速时，对手把整个速度力量都加起来时，我们能够跟得上对方或跟对手持平，在快速

2015年，我的青年赛结束，从此走向成年赛场，走向更大的舞台

中去限制与反限制，而不是一味地靠对手的失误去得分，要有自己的得分手段。

差距是全方位的，补差也是全方位的。身体力量的训练，绝对攻防的实力，多拍中连续变速能力，中前场的节奏变化，落点变化，进攻时手上的速度，防守中耐心地拉开两边，等等，这每一个细节、每一个环节的训练都要加强。

至此，自己的青年赛落下帷幕，未来的路还很长，自己刚刚站在起跑线上，前方还有更多优秀的对手和队友，现在的我需要每一步都走得扎实，向优秀的运动员学习，变成一个真正强大、成熟的自己，加油。

17岁，结缘桂子山，圆我求学梦

从小学到初中、高中，我的记忆里校园都是模糊的，大学生活我只在电影里面见过。因此高中毕业后，我很希望自己能进入大学，真正去体验大学生活，幸运地，华中师范大学这所百年老校以她博大的胸怀接纳了青涩懵懂的我。2014年的9月，我成为华中师范

我的母校——华中师范大学

大学体育学院的一名普通学子，来到四季风景旖旎的桂子山，打球的同时也开启了我的求学之路。

高中毕业时，我还只是国家一级运动员，没有达到健将级运动员的水平。虽说无论是专业成绩，还是文化课成绩我都是符合华师录取标准的，但由于招生名额十分有限，学校完全可以选择招收更出色更优秀的特长生，而且那时的华师也没有培养我们这种专业的高水平运动员的先例，选择招收我，华师其实是顶着极大压力的。或许这就是缘分吧，求学期间，我从一级运动员到进入国家队，从一名普通学生成长为世界冠军。这一路走来，华师都一直陪伴着我，而我也以我的努力回报着母校对我的关爱。

进入大学，我面临的最大困难就是我几乎没有完整的时间能留在学校，我绝大部分的时间和精力都投入在体育训练方面，只能是零零碎碎、见缝插针式地完成学业。我读研期间，一场猝不及防的新冠疫情大暴发，学校开始有了网课，这对于身在国外训练的我来说，反而有了些许上课的方便，一旦条件允许，我就兴致勃勃地打开网课，和同学们一起学习、讨论。但由于时差关系，我其实还是难以跟上学校的进度，可能同学们在上下午第一节课，而我这里还是半夜。记得第一次选课，正好我在欧洲比赛，半夜起床抢课却发现课余量全部为零，那一瞬间，我整个人仿佛石化了。后来我问同学才知道就算站在电脑面前，按时进去抢课，可能都选不上心仪的课程，更别提时差导致我延迟了好几个小时。最后，老师们为了照顾我，特地帮我把想选的课程添加进去，这样我才有课可上。就这样断断续续地坚持，一边打球一边完成学业，我2018年本科毕业并在桂子山上继续攻读硕士学位。

直至2021年，临近研究生毕业的时候，我才回到桂子山上，和同学们一起学习，一起去食堂吃饭，才真正融入大学这个集体。进入校园以后，我只觉得自己非常沉浸其中，享受着每一分每一秒的大学生活。

回想求学的这7年时光，我很感谢体育学院的领导、老师。求学

喜欢桂子山上漫山遍野的桂花，也喜欢学校乒羽中心门口的香樟树

和我的导师王斌教授

期间，只要我有时间，体育学院的领导和老师都很愿意帮助我，不会嫌弃我文化课底子薄，他们都耐心地指导我，传授给我最好的学习方法。对于我的专业学习，带我的王斌老师也很乐意帮助我，他会告诉我需要看哪些书籍、文章，我就会千方百计地抽时间去执行。

还要感谢的是我的同学们。他们从不歧视我的文化课成绩不好，反而更加照顾我，尽可能地帮助我跟上学校的进度。在我整个大学生涯里，是他们一直默默地为我指点迷津。硕士阶段，我们导师组就像是个大家庭一样，大家互帮互助，每每我遇到难题，在导师组里都是“一呼百应”的，我话音未落，师兄师姐们就迅速地告诉我解决的方法。这一点我感触很深，这和在运动队里确实不一样，在运动队里遇到瓶颈的时候，你必须自己去解决，因为你突破不了自己，那就没有办法去赢对方；但在学校里面，是一种同舟共济、携手同行的温暖体验。完成硕士论文期间，当时带我的师兄，他非常认真细致，会在我的论文上面很仔细地帮我提出修改意见，哪怕一个标点符号都不放过。每每回想起这些，我就会感慨原来学习是一件如此快乐的事情。

我和我的师兄师姐们

我的大学时光很充实也很短暂。临近毕业，学校组织我们植树，看着自己亲手种下的小树苗，我想我以后一定要常回来看它。也难忘学校的毕业晚会，可能是缺乏天赋吧，同学们教我舞蹈动作，我怎么也学不会，但最终站在舞台上，绚烂的灯光打到我身上时，那种感觉和在赛场上夺冠是一样的。

都说陪伴是长情的告白，无私的帮助更是不可多得的馈赠。所以我真的很感恩华师，感谢与桂子山的这段奇妙缘分，让我感受到了不一样的爱与关怀，给我的大学生活增添了许多色彩。毕业后我也选择了当一名教师，我会秉承“求实创新、立德树人”的校训，成为一名最好的老师。

19岁，进入国家队

2016年我进入国家一队

2016年1月1日，我正式成为国家羽毛球队队员。通知下达的那天，我记得很清楚，就是自己搬着行李过马路，终于有资格住进国家队的宿舍了，有一种被“认证”的喜悦，因为之前我们集训的时候，要么在外地，在北京集训的话就住在国家队驻地对面的酒店里。这一天还是我妈妈生日，所以我永远都不会忘记这一天。

入队后，也就是2016年的元月，教练组就让我们这批刚进队的小队员出国参赛，因为那时国家队在打奥运积分赛，正是最后的冲刺阶段。当时，派我们这批小将出去的作用就是去冲击对手，因为那时没人认识我们，更没人研究我们，不知道我们的打法，教练就让我们放开打，全力展现自己。我记得元月下旬我们参加了马来西亚赛，这是我的成人国际比赛的第一站，看谁都是偶像，见到了许多大牌球星，特兴奋，这站比赛我们成绩也不错，我和东萍搭档的女双成了赛会的黑马组合，把当初世界排名前八的国外主要对手一一拉下马，比赛结束后大家一起开开心心地吃了泰国最好吃的咖喱蟹。那时已经是2016年奥运积分赛的末尾阶段了，能为中国队出一份力，我特别激动。

国家队的训练很严格，跟省队相比训练量也更大。教练会详细记录每个运动员每天的训练时间，比如说我每天从早上8点练到11点，或者练到 12 点，加上下午的训练，这样一个星期下来总共得有 2000 多分钟的训练量。除了必须要完成这个训练总量，体能训练在总量中完成多少比例也都记录在案，一周下来哪些指标是达标的，哪些没有达标，最后都是要算总账的，按教练的话来说就是“多不退少要补”。在省队的时候，运动员或许还可以周末约着队友跑出去玩，去吃美食，或者说回家之类的。但是在国家队这不可能，一是因为要谨防兴奋剂事件，国家队运动员是不允许随意出去的；更是因为在国家队，大家都争分夺秒地想着怎么提升自己的球技。国家队的训练虽然很累很苦，但我睡一觉就好了，似乎越练习，自己的身体越有劲，跑得越快，能力越强。

除了训练，国家队的陈老师也会来给我们上理论课，告诉我们羽毛球的运动轨迹是有它自己的规律的，等等。我们也会利用业余时间自己学习，看比赛录像，边看边琢磨，尝试着将学到的理论知识运用到实战上。刚上一队时每每遇到大赛，我们这些小将就会围坐在电视机前，给中国队的大姐姐们加油。那时我们看比赛，看的就是一种精神，还没有看出门道。到了后面自己的比赛多了，再看录像时脑袋就会清晰很多，知道带着问题去看，结合自己学到的理论知识去总结自己的打法特点，发现自己的优缺点，做到扬长避短。

潘导、熊姐她们都爱看录像，会花很多时间研究比赛录像，她们告诉我看不懂的地方就先去模仿，模仿优秀运动员是学习的最好的方法之一。因此我坚持每天看30分钟录像，如果哪一天特别累我就只看 15分钟，用最笨的方法把自己看录像的收获记录下来。我当时就想，我要每天坚持做这件事，这是一个日积月累的过程。大潘导带我们出去打比赛时，录像这块就是由我负责的，整理录像也是学习的一个过程，我很喜欢做这件事。

国家队也很强调写总结，我们每个运动员每天都要抽出那么一点时间去总结，将改进之处运用到第二天的训练里。写总结的习惯我一直都有坚持，小总结之外，我还会写大总结，一个季度的赛事结束后，也会写季度总结。

能入选国家队是对自己以往成绩的肯定，更是我职业生涯的新起点。如果说国家队的这几年，教会了我什么，我觉得是一种品质——坚韧的品质，不服输、不怕输、不放弃、能打硬仗。回想自己一路走过的路，走出洪山体育馆，来到阅马场进入省队，又进入国家队，这些年来，我执着地追求自己的羽球之路，到祖国各地、世界各国，我的人生地图也随之变得开阔，就像是果树终于结果了，虽然果子还很小，但有甜头。

成为国家队队员，祖国荣誉感和集体主义精神更强了，内心充满的是沉甸甸的责任感和使命感。以前输球了最多是郁闷，觉得自己技不如人，但自从穿上国家队队服，如果最高领奖台上升起的不

2020 年，中国羽毛球队出征东京奥运合影纪念

是中国国旗，自己就会有一种羞愧的感觉，就好像是前辈传递给我们的接力棒，到我们这一代手上就掉棒了。因此，从进入国家队的第一天起，我们训练、比赛就不再是为了自己，而是为了国家，为了不丢失中国羽毛球人一代代传下来的根基。

2016年1月
国家队的入队教育（北京）

今天我们开了入队教育会，李永波总教练给我们提了四个方面的要求。

第一，从踏入国家队大门的那一刻起，我们的身份就变得不同了，我们代表的是国家，不是省队更不是个人，要有国家荣誉感、使命感、责任感。

第二，要了解中国羽毛球队的发展历史和奋斗目标。作为中国羽毛球队新的一员，首先要了解中国羽毛球队的文化底蕴，了解前辈创造的辉煌和留下来的团队精神。中国羽毛球队要争创中国体育精品、世界体育名牌。

第三，中国羽毛球队的竞技宗旨就是为国家增光添彩，同时实现个人的最大价值。要想实现个人的最大价值，做人是第一位的，先做好人才能做好事，要懂得感恩，懂得帮助他人，只有思想境界、自身素质提高了，个人价值才能实现。同时对羽毛球这项运动的理解才更充分，才能踏上更高的台阶。

第四，要用最好的精神面貌迎接每一天。只要踏入训练馆，就必须要有百分百的投入、专注和最佳的精神面貌，从准备活动开始就要要求自己的精神面貌达到最佳，训练中积极去调动，让自己的情绪状态保持在最佳。好的精神面貌对比赛是非常重要的，在日常训练中就要不断要求自己、提醒自己培养积极的、良好的精神面貌。

2016年1月
马来西亚、印度黄金赛比赛总结

连续打了十几天的比赛，从马来西亚到印度两站，女双一共打了7场球。从第一场女双开始，自己暴露出一个明显的问题就是：在比赛中，自己精力的投入度和集中度起伏很大，一段好，一段差。

一般来说，开头或者说第一局我的状态都还不错，最差的是第二局。我的失误多出现在第一局的后半段和第二局的后半段。

第一局一上去我想用速度去给对手造成压力，然后结合吊点和节奏的控制，所以每一场球刚上去我的速度会很快。第一局后半段失误增多，很明显就是自己的精力和体力下降了。我的速度快，进攻火力猛，对手一开始会不适应，到第二局对手适应我的节奏了，改变战术限制我的时候，我扭转局面的办法不多，再加上精力体力的下降，所以每每我的第二局都会打得非常艰难。

我是那种容易兴奋、比较轴、一根筋、不晓得变通的个性，所以每每上场都特兴奋，心里攥着劲儿一定要拿下这场比赛，但是精力和体力分配的合理性不够。刚开始对手还没适应我们的时候，有的球用一半的力就可以打死的，自己还是没有保留地展现和加速，这样其实自己无形中消耗很大，而且太早地就用全部速度和实力，太早地暴露给对手，到最后自己就没有东西打了，人家教练坐在旁边可不是来当观众的。

随着比赛的进行，我的精力体力在下降，同时，对手逐步在适应我的打法，也在用针对性的战术对付我。此消彼长，因此也就是差不多到了第二局的开头或者第二局的后半段，我在场上就遇到困难了。

场上出现被动后，我更多的考虑是去保持进攻和连续下压，满脑子想的除了进攻还是进攻，除了下压还是下压，要求高了，主动失误多了，在场上人就特别着急，着急着出手，着急着球的质量，一着急出错也会多，防守也是慌慌张张的，盯不住球，好像把球处理过去都来不及。完全没有思考此刻对手现在最不想跟我们打什么，此刻对手的战术是什么，我应该怎么去限制对方，脑袋里一片糨糊。这种状况往往要到了第三局的后半段，整个人的体力和精力恢复了，极限过去了，人缓过劲儿了，心才定下来，才想起要在节奏上求变化，在发接发上去抓球。

那么在精力体力下降的时候，自己究竟应该怎么做才算比较合理呢？我想的话，主要有两点提醒自己。第一，不要在精力下来的时候去出自己认为舒服的球或者出自己的习惯球，或者还是百分之百地发全力去打。因为此时你的能力是在下降的，你出的习惯球也许就是无意义的被动球，一是可能打不到位，二是可能被对手抓。这时候可能更多的要考虑打出让对方不舒服的球。第二，减少失误，放低对出球的要求，先把线路打出来，因为当你处于被动或者处于疲惫状态时，你的反应能力和手上的控制都会变差。

话分两头说，当场上对手处于主动的时候，此刻脑袋里要去想一想对手是怎么得的分，是靠防守还是靠进攻？对手是精力全在前半场跟我们对抢进攻得的分，还是靠防守得的分？

多拍后让自己把气喘匀，稳定后再投入下一个球

如果对手是靠防守来消耗我方的话，那她们的精力肯定特别集中，而且站位要相对靠前，这种情况下就不能盲目进攻，相反应该耐心地和对手拉多拍，形成相持，等到对手

精力分散的时候再找空当，靠线路和落点去完成反击。当自己实在没有什么特别好的办法的时候，就要耐心地打多拍，在多拍中看对手哪里有空当就先打哪里，等漏洞出来了再变速连续下压；如果一个变速没有得分或者没打死，就要有更多个在耐心控制中连续变速加速的能力。同时根据对手现在改变的战术，去及时调整自己的节奏和出球。要思考对手最怕跟我们打什么，她怕什么我就打什么，她哪里弱我们就打哪里，总之就是限制和反限制，斗智斗勇，而不是一介莽夫，一味强攻。

针对本次比赛中存在的这个问题，今后的训练中我需要：

第一，加强变速训练。如果全场快速或者说全场发全力，带来的问题不仅是自己的精力和体力消耗过大，还有一个问题是对手一旦习惯了你的速度，那接你的球就很顺。当对手习惯了你的速度，比如快速，那么你又该怎样调整呢？简单地说，这时候就需要去及时调整自己的节奏和出球了。

第二，场上的节奏把控很重要。当没有很好的机会下压进攻时，就耐心地拉多拍，主动地去拉开，有目的地防守。被对手打乱节奏不舒服的时候，人要定得住，稳得住，不着急去进攻下压，多观察对手。

第三，要训练自己在场上合理地分配精力和体力。再回来训练的时候，要重点解决这个问题：累的时候，精力下来的时候，速度和进攻被限制的时候，自己应该怎么办？我想这时候更多的应该是转变，应该是从脑子开始改变，多动脑，多分析。我方速度和进攻被限制的时候，自己应该是节奏上放慢，脚下和手上不能放慢地积极控制，这些都要在训练中有目的性地去练。

比赛中暴露的问题靠一两次训练是不可能解决的，暴露出来的问题恰恰就是自己最难改的，是顽症，因此要做好困难的准备，可能一周两周，一个月两个月，一年两年。输在哪里就练哪里，一点一滴地去向对的方向做。时间是最好的证明，每天练，每天逼着自己动脑筋，成为一种习惯就好了。在训练中解决比赛中的问题，训练的成果在比赛中去用，这样形成一个良性循环，这样在下一次比赛中才能看到自己有没有改进和发现其他更多的问题。

2016年5月
国家队集训总结（东莞）

今年的集训为期两个月，不知不觉中，自己已经成了队里的大队员，从生活到训练，都要起到表率作用。

日常管理上，协助教练帮助队友，我其实还是蛮有压力的。我做事有时会粗心，也不太注意细节，一开始也没找到和队友、教练沟通的好的方式。因此这次集训在这方面对我来说也是很好的历练，是自己成长的一个过程。

训练上，我主要练的是发接发以及如何和同伴配合连贯。

集训初，自己无论是和同伴的配合，还是教练要求的场上技战术的针对性，我做得都不好，没能够很好地带动同伴，完成训练任务。对于究竟怎么和同伴配合，怎么打出针对性的技战术，自己没有真正地弄懂弄明白，只知道教练说了要这么做，自己就照着去做，但并不知道为什么要这么做。

集训中间还参加了两个比赛，新西兰黄金赛和江苏常州大师赛，我打混双。这两场比赛自己打得好的地方是在网前能够发挥出自己的东西，以快为主，不足是网前变化太少，出的球不够活。第二站常州大师赛，自己生病退赛了，赛前那么扎实的训练都没有机会上场展示，自己也是懊恼得很。

比赛结束后，我们继续回到东莞集训。这一次，自己明显地感觉到无论是防守，还是发接发，或者是相持中的变化以及场上的技战术运用，思路都清晰多了。

本次集训，我的收获如下：

第一，在和搭档的配合方面。以往在场上多以自己为主，打自己的东西，没有想过配合上的问题。每个回合，我这样出球，搭档能不能够连贯起来，以前都没有考虑过或者考虑得很少，以后这些问题都要考虑进来。在配合方面，不要一味地以自己发力为主，要和同伴沟通怎么打，怎么去配合。搭档不同，打法不同；对手不同，打法不同。

第二，发接发的目的性。我是应该先去推压，还是挡网，自己连贯哪里；同伴如果推压挡网，我应该保护哪里。

第三，自己出的球合理性要强。自己要清楚怎么才是合理的，合理的同时能够充分发挥出自己的特点和同伴的特点。

第四，场上自己出的每一拍都要求质量，今后还要注重落点。落点如果不好的话，很容易被对手打反击，或者是我方连贯不起来。

第五，平时训练的东西要敢用，场上要敢于去变化。

集训结束了，感谢教练每天不厌其烦地把我们的错误提溜出来，感谢所有的工作人员两个月里对我们生活的保障，感谢队友，一起奋斗和努力，互帮互助。每一次的集训都是成长路上最美好的经历，自己能够更加成熟、磨炼、沉淀。

2016年8月
里约奥运会观后感

四年一次的奥运会又结束了，自己有幸能到现场观赛，看到哥哥姐姐们付出的艰辛和努力，自己也有了更多的感慨。

女单半决赛，看到雪芮姐受伤的那一下，心里除了遗憾之外更多的是心疼。雪芮姐表现得是那么坚强，坚持到了最后一分也不放弃。我在训练中也受伤过，所以我能真切感受到那一瞬间有多痛。我觉得这就是奥林匹克精神，站在那个神圣的地方，就不想浪费掉每一次机会，不想浪费掉每一分每一秒。这种对体育、对职业、对对手的尊重，已经超过了自己身体的极限，更是超乎了生命。

丹哥和李宗伟的半决赛，我也是看得热血沸腾，虽然也是为丹哥加油，但林李大战的意义已经超越了竞技。这届奥运会，丹哥33岁，李宗伟34岁，两个人依然都能打出最高的竞技水平，从他们身上我们学到了顶尖运动员的坚韧和意志力，以及在场上遇到困难时的冷静和调动，他们身上的责任感和场上呈现出的每一球的严谨，很值得我们去学习。

男双决赛，楠哥跟宝哥更是竭尽全力去拼每一球、每一分，无论落后多少都不会放弃，冷静的宝哥总是在最后一刻爆发，能够看到他们把所有的压力和对胜利的渴望压制住，让自己有更少的杂念，更多地去想战术，拚下来的是最终的胜利。

混双中看到了两对大哥哥大姐姐在场上积极的调动，跟对手咬住每一分，从第一个球就展现出的霸气，虽然没能拿到冠军，但他们早已是我心中的冠军。

这一届的女双金牌被日本选手松友美佐纪和高桥礼华获得。女双是中国队的传统优势项目，这次奥运我们看到了国外选手的突破和提高，看到了竞技体育的残酷，这也在警戒着我们，竞技体育没有绝对的可能，也没有常胜的将军。女双是我的主项，我知道大队员的不容易，看到神神压力下她们依然默默地承受，默默地坚持，自己感触很深。

老队员的精神值得我们去学习，学习他们的敬业精神，他们的坚韧不拔，他们强大的内心以及他们肩负着的责任感、使命感，到了我们这一代也一样要潜心苦练，比赛中要强大，冷静面对困难，顽强拚搏。

剑指东京，未来，就看我们这一代了。

记忆里的2016，记忆里的里约奥运

2016年里约奥运会，女单半决赛中雪芮姐脚部严重受伤，退出金牌角逐。丹哥半决赛输给一生的对手李宗伟，龙哥为中国队收获男单金牌。楠哥和宝哥在先失一局的情况下，第三局反败为胜，上演超级大逆转，收获男双金牌。熊姐虽然未能卫冕，但在我心中永远都是冠军。

他们都是奥运冠军得主，是我国最优秀的羽毛球运动员，我心目中永远的英雄。

2016年12月
国家队业务学习后的感想

一、要在基本训练中强化后场进攻手段的多元化和稳定性

后场进攻的核心包括力量、落点、方式、组合、节奏、轮转这六个方面，要做到后场底线进攻的多元化。后场不光是要保持进攻，还要有控球的能力，要稳定，也要求进攻的精准度。

后场进攻的手段也是千变万化的。进攻不但要注重力量（重杀与轻杀，重杀后的轻杀能创造出网前封网的机会），也要注重落点（前半场、后半场，中路，或者左半场、右半场）；不但要注重进攻的方式（重杀、轻杀、点杀、劈吊，劈吊又包括左右对角、大小对角或者劈吊中路等等），也要注重进攻节奏的变化（快速劈吊、慢速劈吊）。进攻不但有真攻也有佯攻（试探性进攻）。

总之，丰富自己的多种技术，把各种进攻手段组合起来运用，实现后底线进攻手段的多元化、立体化，最终形成自己的特有线路、优势线路、肌肉记忆。

平时训练我需要加强的地方：

1.后场吊球的一致性

后场吊球要快吊慢吊相结合，这方面可以多看韩国李孝贞吊球的抢点和出手，看晓理姐滑板吊球的出手。

2.后场点杀、劈杀落点的精准度

自己后场点杀、劈杀的目的要明确，点杀、劈杀后自己要能够连贯下一拍，攻高点加前点，攻边线加小中路，落点要准确。

3.通过技战术的运用让我方轮转起来

其一，快速劈杀、劈吊大对角创造出轮转；其二，攻中路高点或偏向中路小对角创造出轮转。轮转时发接发形成前后站位。

要创造出轮转的机会，一定要快出手，第一时间有轮转的意识和目的性。晓理姐和于洋姐的轮转是世界上最顺的，主要是于洋姐在后场攻中路轮转多，晓理姐从自己的正手打上轮转，合力攻中路形成轮转双压。我们可以从后底线70%左右攻中路形成轮转，双压抽压制造机会。马来西亚男双选手吴蔚昇的后场双脚起跳进攻很舒展也有假吊和点杀，值得我们学习和借鉴。

二、半场变速进攻的时机

半场变速突击抢攻是男性化的打法，下肢和手上都要求极具爆发力。需具备的身体条件是下肢的支撑力和爆发力，要有突然性，动作舒展开力，手上要有节奏感和技术的稳定性。半场进攻突击要抢，也要有分寸不能盲目攻，半场分边压，抢高点前点，先以能连贯为主。

三、力量

保证自己的全面力量、核心力量、爆发力量稳定输出，增强场上能力。核心力量能够控制住身体保持稳定，保持连贯杀。下肢力量要能够支撑住身体，要有爆发性、突然性，手上要求爆发性力量，舒展开力。

四、发接发

双打尤其重视发接发，女双的发接发现在也是偏男性化打法。从发接发就要保持下压，争夺前半场的主动，创造进攻机会。发接发的前四拍尤其要注重出球质量和连贯，要精准和快速出手。发接发的节奏，慢发抓第三拍，快发注意第三拍与第四拍的连贯。

1.发球

发球是每一场球每一个回合的第一个环节，发球质量高低与否决定了这一回合的胜负走势，因此怎么重视发球技术都不为过。

发球质量要高，稳定性要好，稳定性的基础上再去加强快发慢发的节奏变化，这样在发球环节就让对手精力分散，破坏对手节奏。同时要注意发球的落点，发到对手哪个区域，对手会出什么球，发完球以后怎么去抓球，自己和同伴要商量好；发后场要想好发到哪里（落点），自己和搭档怎么准备第三拍。发的范围不要太大但是要精准。

前半局可以试探性发球点抓网口；比分相持时，观察前半局对手出两边哪边的概率大和习惯性接发的点，再去抓球。

2.如何打好第三拍

自己发球，对方接球，自己再打过去的这一球，就是第三拍。

自己发球质量好的时候，一定要保证第三拍的连贯，保持球向下，保持主动，快出手，先打硬，抽弹，给对方形成压迫后再结合挡控。根据我们自己的打法特点，第三拍先硬，抽边线、抽中路、抽对角，保持球向下的同时能够让自己连贯起来，这样从发接发上就能形成进攻。当然要打出这种高质量的球，平时就一定要去训练速度、爆发力和精准度。

3.接发球要讲究多变

硬接发球就是下压，压底线（推弹两个大对角），压两边的腰（快拨、快推两腰），或者是抽挡；软发接发就是抢放、挡网。

对手发球质量很高时，不能轻易让对方在第三拍、第四拍直接快速得分，要积极想办法限制。主要的办法是直接抢放，或者快拨、快推两边，推弹两个大对角，或者和同伴商量好直接接中路（下一拍的连贯很重要）。总之，就是让对手不在身体周围拿球，少把球打在她们能够连贯的范围之内，让她们动一步，这样对方的出球质量和连贯就会相对下降。

4.发接发环节的举拍

发完球、接发完球后的举拍很重要，要提前准备，抢时间差。前半场争夺时举拍的时间不够，很轻易地就会造成球向上走，给对手连续下压的机会，所以举拍很重要，并要时刻保持每一球的举拍。

印尼队亨德拉可以说是网前大师，他的举拍意识和连贯都是世界顶尖水平。亨德拉举拍意识好，手上动作小，并力，时间上比对手快，脚下始终都在调整，没有绝对优势的时候他的每一球、每一拍都在为自己的下一拍寻找机会，时刻在寻找相持中让对手不舒服的那个点。

5.如何打网前球

网前首先就是要养成举拍的习惯，结合快速切放，推对方高点或者停顿推高点，切前点，相持球压边，滑板；平网口远点处理要合理，少硬推压（硬推压容易被对手反抽），要有多手段，弹、拦、挡都要结合运用。

6.发球环节，自己和搭档的分工

①发后场三号区，发球的人要保护中路和对角。

②发四号区，自己和搭档中路和直线的分工要明确。

③发后场也要明确是发破坏性后场，还是打防反的发后场。

7.发接发前三拍的处理

第一种情况：我方发球发网前，开局发球人先看紧网口，关键分发球人发完以后拿两边，后面的人保护另一边形成双压。

这种情况的前三拍处理：

第一拍发好球，发网前小球，发球人一定要把网口看紧（防止对手回球挡网、放网、勾对角，要求网前要举拍，网前两边移动的速度要快，精力要高度集中，正所谓手疾眼快）。

第二拍是对手的回球。

第三拍就看对手第二拍回的什么球，如果对手回的是网前小球，前面的人继续管好网口，保持前封后杀的站位；如果对手的第二拍回的是某一半场，那么前场的人就要果断守住对应的半场，后面的队友相应管好另外半场。关键分，发球人重点就要保护好两边，因为对手肯定会在发接发环节抢压边线。

只要没被对手压迫至后场，两名队员就都要保持在中前场的站位，形成双压之势，打法上或者一前一后打前封后攻，或者并排站立打平抽。

第二种情况：我方接对方的发球，接发球的网前主要以抢先发力，推压分边为主（技术上要求脚和腿要有爆发力，手上动作要小，要齐力）。对手适应节奏以后可以结合推压中路抹头上形成双压，对手如果注意力集中在后半场抢放两边，总的目的就是围绕战术需要。

这种情况的前三拍处理：

第一拍，对手发球。

第二拍，我方接发球，毫不犹豫地抢先发力，推压分边。

第三拍，对手再处理过来。此时又分两种情况，如果对手回球质量不高，前面或者靠近球的那个人果断地上前封网，形成前封后杀的站位。对手回球质量不高的时候，我方一定要抢住中前场，防止对手挣扎式的放网和变线，瞬间就会造成自己的被动和丢分；如果对手挑高球摆脱，且质量非常高，那么此时我们的回球不要跟着对手的节奏走，也去挑高球回敬，而是果断地杀球且杀中路，或者抢放两边（估计还是对角的两边，因为此刻的战术目的是拉开对手，让对手跑起来）。因为我们的上一拍是下压的，所以对手大概率会挑球，而且是从前半场挑到后场，后场队员就要有快速侧身后退到底线迎去的能力。

茵晖羽记17

2017年3月 德国公开赛和全英公开赛比赛总结

3月份打了德国公开赛和全英公开赛，自己主要从心态和思想两方面进行总结。

一、心态变化

德国公开赛从第一场打到决赛，感觉自己整个心态还是很放得开，从第一场球就是抱着学习的态度，就当是训练，训练怎么做的，比赛就怎么打，有多少东西就用多少。

半决赛我都发挥得很好，没有任何想法，全心投入技战术，揣摩对方的想法和意识。

到了女双决赛前，心态上还是有些变化，想赢，觉得打到这个份上了就一定要拿冠军。赛前也是积极地调整心态，觉得无论打成什么样首先要发挥自己，把自己有的东西打出来，不能因为心态没有放好而输掉比赛，那就找不到问题和不足，脑海里也是模拟了在场上如果出现了想赢，有想法了，想不进球了的情况，自己在心态上该怎么去调整。决赛一路打下来，整个心态上做得还是比较好的，没有出现想不进球或是想别的的状况，但还是出现了急躁和起伏，但这和此前的泰国黄金赛不一样，泰国赛是被

不尽全力赢不了，输了又不服，说的就是此刻的我

其他没必要的想法给影响到，这次是因为自己技战术不合理，出球质量差，以及对手频频施压而在场上出现的心态上的变化，自己没有保持冷静的心态去面对，怀疑技战术，技战术执行得不坚定。女双决赛很遗憾地输掉了，只收获了一枚银牌。（此次德国公开赛，李茵晖收获了一个混双冠军，一个女双亚军，编辑注）

二、思想变化

2016年下半年刚出道时，自己可以说是初生牛犊不怕虎，就是去冲，靠年轻，靠拼劲，靠精神面貌，珍惜每一场球的机会。2017年的年头，自己思想上出现了松懈，给自己找退路，认为打一打也能赢，但不尽全力又赢不了，想赢怕输，想要成绩又不肯多练，认不清自己，感觉到压力了又觉得自己承担不了。

打完德国公开赛和全英赛，自己反省了一段时间，琢磨自己的变化，不是突然不会比赛了，而是训练的基础不够，东西都用完了，又不甘心没变化。终归还是自己没沉淀下来，太浮躁了。静心想想自己的每次比赛，我并不是稳扎稳打型的，要靠拼靠激情去调动才能发挥出自己的水平。因此，我不能松懈，要保持自己的个性，坚定自己的想法，不然打得很窝囊，输了又很不服。

全英赛过后，感到压力更大了，自己没有好的基础，没有老队员的能力，没有国外选手的大赛经验和经历，在这样的竞争角逐中，突然觉得自己没有时间了。

怎么在有限的时间里去弥补自己的短板，怎么让自己成长得更快？我想首先从思想上要有决心去付出更多，让心沉淀下来。压力人人都有，各种各样，大大小小，自己要认清自己有多大能力，不盲目承担超出了自己能力的责任，但也要敢于去承担以自己最大能力能承担的责任，同时向更重的担子发起挑战，努力完善自己，让自己更强大。眼界更开阔，才能承担得越来越多。

全英赛比赛中

2017年11月
中国香港站比赛总结

中国香港两站比赛结束了，赛前的训练自己整个的状态不是特别好，但整个训练还是比较系统地练下来了。

一、赛前训练

赛前训练着重打磨的技术还是在中场和后场，着重解决中后场主动失误的问题，特别是后场进攻的稳定性；中场相对来说是自己的特点，着重加强的是落点的变化和稳定性训练。

自己的后场进攻失误比较多，我也是处于比较迷茫的状态，训练中也就是带着减少失误保持连贯的目的去练，练不好很容易就去怀疑自己，没信心，自己整个思想还是处于一种比较消极的波动状态。

赛前训练做得好的就是无论自己处于什么样的心理状态，上场训练就想得很简单，有问题会不断与同伴去沟通，看录像，研究，然后在赛前一周的配合中找到我们的特点，抱着先去尝试的心态就去比赛了。比赛过程中，自己的思想和心态还是有一定的波动的，但都能够自己调节，冷静稳定下来，理性地看待问题。情绪起不来的时候自己去积极调动，这也是这两站比赛自己最大的收获。

二、自己在场上观察局面的能力和阅读比赛的能力有了提高

第一场打日本，心里没底，不知道会打成什么样，但是自己还是很有信心觉得能够赢，因为赛前训练自己和同伴对她们进行了研究，准备得很充分，场上也是找回了刚刚出来比赛的气势，上去了就是谁都不怕，但脑子里、心态上其实还是比以往多了份沉稳，积极调动自己的同时也在不断提醒自己，不要脑子发热，要保持清醒，想战术，观察对方。和日本队福岛由纪和广田茱花打到第二局快结束的时候，自己太兴奋，脑袋里又不进球了，想压着打，但教练一提醒也能够很快地及时调整过来。

跟印尼队的波莉、拉哈尤打完后，感觉是把她们的前半场想象得太好，自己给自己的压力太大，总是避免去跟她们抢前半场或者完全不去结合前半场，其实打的过程中她们也并没有我们想的那么快，对我们造成很大的威胁。技战术方面，她们对我们的威胁主要是两个人节奏统一，失误少，前半场连贯的速度快。波莉的发球容易把我们带到她们的节奏里，打快了我们容易乱。还有她们的防守限制，对我们手上快速控球的稳定性和脚下步法的灵活性要求都特别高。

韩国队给我们造成的压力主要也是她们整个连贯速度很快，跟印尼队不同，她们进攻的威胁很大，连续进攻能力很强，我们防守的压力很大，要有针对性地防守限制，对防守要很有自信。

日本队在这两站比赛中的表现都不是特别好，我认为一是她们同伴之间的团结不够，心不够齐，没有从自身根本去解决问题；二是感觉福岛由纪和广田彩花想法比较多，并没有去解决困难，只是顺其自然的态度。要不就是很着急，跟我们打不好的时候的表现有点类似。

三、自己在比赛中暴露出来的问题

主动进攻方面，变速时连贯向前处理的时机和落点的合理性还不够，该坚决的时候打得不够果断，太多可以打的球都选择了保守。连贯打变速要坚决。

防守方面，脚下的调整不够，容易出习惯球，特别是左场区反击时站得比较死，只能打对角（要加强直线的抽挡，再结合分对角，这样才能活）；被动接吊，挑球的目的性不够，没有盯住球，也没想过挑起来以后下一拍是反击还是断节奏。

正手方面，中场正手出手慢，后场的正手防守正手分对角，习惯很多，基本都是对角球；正手的动作还是偏大，失误率也比反手高。防转攻正手位的处理没有目的性，很容易就被人打反去。

另外，与同伴在中路的分工，挑球挑得太快的时候，中路后底线容易被打，要多商量，配合训练中多与同伴沟通中路的问题。

四、比赛中自己有提高的地方

第一，发接发环节进步明显。发接发的变化、落点都有加强，训练成果能用到比赛中去，发后场打防反，战术目的性强；跳分的时候快发变节奏，接发抢放远身、推压、软过半场，失误率也少了很多。发接发中前场的连贯能为自己创造出机会，把握机会的能力提高了。

第二，主动进攻方面，快速多拍的能力和保持连贯的能力有提高。后场保持下压，主动失误减少了（这跟出球的合理性和脚下的调整有一定的关系），能够耐心寻找机会。

第三，防守主动限制对方，选择的时机和反去的目的明确，能观察对手的位置和意图。

五、回来后我需要加强的地方

第一，正手。目前我的中场、后场正手变速连贯动作太大，落点单一，要加强正手打边线、打中路，再结合打对角。

第二，防守。需加强防守中抽断的节奏把握，挑球的弧度和挑球的目的性，防守限制。

第三，后场的进攻能力。快速中保持不失误是首要，减少失误的同时进攻的落点要精准，有变化且稳定。加强后场进攻快速控制的抢点意识。

第四，网前。网口球要多变，勾、扬、放都要有，继续打磨小技术。

第五，脚下的灵活性训练，核心的稳定性控制训练。

第六，心态和思想的稳定性。在有起伏的时候怎么去自我调整，怎么能够不受情绪影响，有情绪的时候也一样能够坚定执行当天的训练计划和问题的解决。

茵晖羽记19

2018年2月
国家队集训总结

本次集训我重点解决的问题是分析自己在场上的无谓失误是怎么造成的，如何有效减少无谓失误以及如何加强力量训练。

场上无谓失误过多的原因主要包括以下几个方面：

一是随着比赛的进行，自己的精力、体力下降，意识变慢，却对自己的出球要求依然很高。二是赛前对对手估计不足，比赛情形超出自己的预想，心态着急，失误增多。三是比赛中自己连续失误或者被对方限制时，自己容易犯轴（不服周），较劲一定要打这个点，而被对手连续上分。第四个原因就是多拍过后自己出球的随意性大，出球没有目的性，多拍后出机会的无谓失误就是典型的出球太随意、不严谨。

如何减少无谓失误呢？

第一，养成精力集中的好习惯

不仅要在比赛中保持精力集中，平时训练中就要养成这个好习惯。好习惯不是一天两天就养成的，要日积月累。后面的训练中自己不要着急，一点点地去做去加强，例如一上午的训练，原来只能做到一段时间的精力集中严谨出球，那就给自己设定目标，争取一上午保持两段时间的精力集中严谨出球，如果没有做到再想办法去调整，慢慢养成精力集中的好习惯。自己在抢分、多拍和相持下的主动失误，都跟自己的精力不够集中有很大的关系。

当然，场上比赛肯定会有精力、体力下降的时候，这时候就不要和自己较劲，放低对出球质量的要求，先保证不失误，让精力、体力缓过来。

第二，养成出球严谨的好习惯

只要开始打球，从发球开始到打的过程中要保持严谨，直到这个球结束。任何球都不盲目随便一打，不要开心了就瞎打。减少简单球的随意性，不要觉得简单就随意打。加强在多拍中出机会球的目的性，不盲目出手。

第三，多磨小技术

手上对球的感觉要不断研习，用心体会形成自然。只有熟练了，失误才能降低。

总之，作为一名职业运动员，每一个球每一次出手都要有想法，训练中每一段、每一节都要严谨地去处理。只有精力集中了，出手严谨了，比赛的起伏才小，才不会出现打好了但保持不了的现象，才具有稳定性。

自己下肢力量很好，上肢力量也不差，但是在场上杀球效率不高，有很多不必要的消耗，腿上的力用不出来，究其原因，是因为自己全是在用大的肌肉，有很多小肌肉群没有被激发和使用，没有爆发力，相应地对自己的发力也有影响。

今后要加强的力量方面的训练包括核心力量训练、薄弱环节力量训练以及小肌肉群的力量训练。尤其是那些原来不重视的小肌肉群的力量的训练，更要加强并寻找突破，一些没有用过的肌肉要去训练并激活使用。

经过一段时间的核心训练和原来没有激活过的肌肉训练以后，感觉自己在比赛中能够用了，并得住，但是还不够持续，要坚持，多去体会。

只靠蛮力打球，伤病只会越来越多

2018年3月
欧洲两站比赛总结

欧洲两站的比赛结束了，成绩不太理想。总结自己的这两站比赛，有一个共性的问题就是在我们输掉的比赛中，第1局我们都是赢的，但第2局、第3局却都遗憾地输掉了。下来以后自己也是分析了很久，应该还是整个过程中的一些细节没做好导致的失利。

一、自己为什么老是输掉第2局、第3局

1.第2局、第3局出现了体能极限

赛前自己的体能储备还是比较充足的，加上只打单项赛不兼项自认为体能应该没有问题，但在德国公开赛对战保加利亚姐妹时还是出现了极限。第1局我们打得很快，打加速，对手跟不上我们的节奏，我们拿下了第1局，但这种加速对自身消耗太大，并不能保持两局，因此后面两局出现了极限。极限缺氧，手上的控制能力、出球的目的性都会下降，无谓失误增多，丢分快。

2.对困难准备不足，应变能力为负叠加

开局和我们赛前预想的不一样，对手的表现比我们预想的好

很多时，自己在场上的转变还是太慢，没能及时调整自己。上场前，我们设想的是以我们的优势去冲击对手，争取在进攻、发接发环节多拿分，但开局和我们设想的完全不一样，我们的进攻、发接发都不占优势，这时候我的老毛病又犯了，一根筋，钻牛角尖，我还在全力加速，全是下压球。

如果我在场上能够理性、冷静地分析的话，其实就应该明白，打女双最基本的就是耐心，女双很少有几拍就打死对手得分的，这本来就是女双本质的特点。但在场上我却不能够明白这些道理，心高气傲，过于自负，也不愿去与教练沟通（想去证明自己是对的），导致输球。

正确的做法，一旦发接发占据不了上风，那就立刻改变，和她们打多拍比耐心，控制住后场两个底线，注意她们的杀边线。欧洲选手力量好，打法单一，和她们打，更要有耐心，等到她们在多拍中出错。

3.在场上自己有些耍小聪明，搏的心态多了点

相对欧洲选手，我们的力量、体能是偏弱的，因此出现极限时自己就不想和对手打多拍了，想靠自己的特长快速得分，但实际上这时候自己也很累也出现极限了，体力精力下降，手上的控

制力下降，失误多丢分也很多。同时，认为对方也很累也会出极限，那就等到在对方体力精力下来的时候，自己就趁机上分，至少得分上得容易些，总之去搏的心态较多。事实证明，这种想法和办法并没有扭转败局，还是要以严谨的态度出每一拍，打每一场球。

总的来说，还是自己应对相对被动的局面和困难的能力不足。

二、怎么解决体能极限的问题

这次比赛暴露出的另一个问题就是出现极限时自己的应对不好。出现极限了自己也没能及时想办法，只是去硬顶极限。同伴在帮我缓节奏，我想的却是顶过极限，无形加速，无意识中自己的速度越打越快，全是下压，整个节奏被我打乱。跟同伴的节奏不统一出现的漏洞就很明显，跑位、卡位都出现错误。

比赛中，如何防止过早出现极限？简单来说，还是要有硬实力，要有得分能力。如果你具备多拍能够得分，发接发能够得分，加上变速突击得分以及出机会坚决果断得分等多种得分手段的话，那么自身的消耗就会减少，自然不会过早出现极限、顶极限的情况。从另外一方面来说，过早出极限说明训练中对抗不够，特别是多拍对抗、无氧对抗中的限制，今后在这方面自己还要强化训练。

三、与丹麦强档女双彼得森和卡米拉·尤尔对阵总结

全英赛中我们对阵了丹麦女双彼得森和卡米拉·尤尔的组合，她们是典型的欧洲打法，也是世界女双的顶尖水平。应该说我们还是发挥了赛前制订的技战术，整体发挥正常。

1.备战方面

对丹麦一战，赛前我们准备得很充分。欧洲选手的特点和配合漏洞都很明显，因此我们的准备也很有针对性。赛前并没有去想太多的固定线路，应该怎么打，就是准备很坚决、很坚定地去打。

2.技战术方面

从中路发动，拉开，断节奏防守，打开她们寻找机会。发接发一旦占据不了上风，立刻改变，坚决限制后底线，注意卡米拉的杀边线，其他的就是临场的转变了。限制中肯定会出现被打死和失误，但很坚决地去打她们这几点，分数一定不会跳开，所以整场球的局面并不是一边倒。

3.自己做得好的地方

三局下来80多分钟，平均每局差不多半小时，对我们的体能是一个极大的考验，因此每一阶段的节奏限制就非常重要，我们也是和对方一直在周旋，多拍相持，防守反击，拉开，进攻轮攻上分时坚决轮转卡位，拉开对方位置。

4.自己做得不足的地方

①关键分时变化不够，打得不坚决。关键分上对手跟我们搏心理，自己犹豫了，出手放慢，对手却打得很坚决。

②发接发发后场节奏上的变化不够，太老实。

③容易中人家的套路。防守出错主要出现在对方给我的球很容易去反击，而上了对方的套路。同时，一旦出现错误的战术，就很容易被她们套上。关键分时注意对手的习惯，少出自己的习惯球。

④失误的主要来源在于自己一旦有些许犹豫，出手一慢失误就来了。

5.今后自己需要加强的地方

细节的把握和稳定性要加强，胜负其实就在一些细微的细节上，在一两分之间。

关键词：拉开

四、回来后需要加强训练的地方

1.多拍的训练。极限缺氧中的控球和出球的目的性，多拍中的限制能力；每天要进行一段后场进攻，连续不失误要达到一定的拍数；多球跑动，一防二大范围半场跑动，控制对手的能力和反限制能力，特别要注意快速调动中被动出球的目的性。

2.发接发中的配合。除了发网前常规套路的配合，发后场常规套路的配合，利用规则中的快速发后场的配合以及发平球的配合和发后场的分工。还包括接后场的配合，接后场要有杀大对角的能力和同伴要有配合。

3. 补缺训练。自己目前的能力缺陷明显地包括这几方面：前半场抓球突击能力，中场打击能力，后场补缺抓变速的能力。在训练时，首先要做到不失误，保证落点的精准，下手要熟练，比赛中要敢用。

茵晖羽记21

2018年4月
中国（陵水）国际羽毛球大师赛比赛总结

本次比赛我和杜玥获得女双冠军，也为我们入选 2019 年苏迪曼杯主力阵容打下了基础

陵水比赛结束了，一共打了四场球。过程的起伏还是很大，自己的发挥也不是特别好，感觉四场球的一个共同点就是在线路上和战术上自己想的跟打出来的还是有差异，只是对手的实力并没有很强大，所以给我们制造的困难不是很多。当我在懊恼落点不够精准、线路不合理的时候，对手的出球也并不是很理想。这次比赛如果说有进步的话，那就是自己在心态上、思想上比之前更有耐心了。再就是对节奏的理解会比之前好很多，什么时候加速，什么时候相持，自己有点小感觉了。

一、比赛中发现的几个比较突出的问题

1.能够变速的球没有选择变速，选择变速的球落点打得不好；没有观察到对手，只是考虑到自己能不能连贯，同伴能不能够拿得到。

2.前场很多可以封到的球，人站得太空，去设计太多；站位太考虑自己，同伴的选择就很局限；网口没有压力漏洞太多。

3.进攻的落点很模糊，考虑到的都是我们自己的站位，设计得太局限，觉得应该杀这，对方能够出到哪，而不是观察对手的站位，选择落点，连贯下一拍，都是一拍一拍的，比较散。

4.多拍后的精力能够收得回来，能控制自己的失误，但多拍中人还是比较空。

二、训练中去着重解决的问题

1.进攻环节需要加强的，进攻（含变速攻）的落点，进攻（含点吊、攻高点）的球速，进攻的连贯，攻边线的准确性。

2.攻封配合中需加强的环节，选择位置，连贯，抢点后的连贯；连续打压的能力，给对方速度上的压迫。

3.攻转防的处理方面，需要具备防守迎前点去挡断分球的能力，脚下站位迎前的意识。

2018年4月
亚锦赛比赛总结

这次亚锦赛成绩不佳。给我最深刻的一个教训或者说一个经验，也是我需要克服的一个东西，就是当自己在场上遇到困难想要破解困局的时候，所有的思想和观察不能全部集中在自己身上，也要在对手身上做观察和思考。

这次比赛，场上出现的主要问题还是主动失误多，究其原因还是心态保守和起伏大。对技战术的运用不够合理，场上战术单一，应变能力和调整能力不够，打的球太常规，没有特点，没有得分手段，对对手阶段性的战术运用和套路太少，总是单一节奏和单一技战术运用。为了不失误，自己打得比较保守，这样对自己的体能消耗也大，这种状况一直在循环。

这次遇到的对手，我是第一次和她们交手。为什么第一次打的对手我总是会出现技战术不合理、应变能力不够的问题呢？

分析原因，还是自己脑海里对整个比赛的预想太模式化了，场上出现问题总是首先在自己身上找原因。自己一定要去打什么样的战术，一根筋地想针对对手的一个弱点从头打到尾，如果没有实现既定目标甚至还丢分了，就会对自己的技术要求变高。结果就是对自己的要求越来越高，心里越来越急，主动失误越来越多，陷入一种僵化固化的模式，完全没有打出真正想去打的战术。

比赛每次遇到转机的时候，总是习惯性地把注意力放在了自己身上：自己今天应该怎么打，例如今天的脚很慢，跟赛前准备的有差异，那应该怎么去要求自己；或者是今天的状态跟预想的不一样，那怎么去调整自己。究其原委，还是自己在思想上对技战术的运用并没有真正理解，其实一场球的完成，是由我方、对手共同完成的，所以我们在思考如何取得一场球的胜利的时候，不仅要考虑自身的能力水平状态，也要从对手身上找到得分点、突破点。

场上比赛是千变万化的，既然今天既定的战术打不出来，取不到良好的效果，那我们就去观察对手，从对手身上寻求突破。例如，上场前也许我们制订的战术是靠进攻取得胜利，上场后对手防守特别好，攻不死，那我们可能就要靠防守反击或者说发接发或者说别的手段来取得胜利了。思想一旦放开了，视野开阔了，不局限了，就不会在技战术的应用上自己把自己框起来，才能释放出自己。我们可以去观察对手的状态，针对她们的状态，再结合我们的打法特点打到她们的缺点上去。思想上的每一个转变，都会给场上带来转机，总之，所有想的和观察的都不再是全部集中在自己身上，也要放在观察对手，和对手斗智斗勇上面。

那么，究竟什么样的战术是好战术呢？

一个好的战术应该是针对对手的缺点去做文章，把自己平时的训练积累打出来，围绕自己的特点来得分。一个正确的技战术就是围绕着这个技战术不断地去让对手套在里面，让对手难受，这才是最重要的。同样的，就算是一个自己打得很难受的战术，一个并不是你自己擅长的战术，能够赢下比赛也是好战术，而且这种尝试会成为一种良性循环，下一次再打这样的战术，你心里就有底气，就敢于去尝试，慢慢地也就得心应手成为自己的得分手段了。

自己在今后的训练中需要加强的环节：

1.减少多拍中的失误。

2.提高进攻的效率、进攻的凶狠性和进攻的套路。

3.增强防守的实力。

4.配合战术要打得特别果断，不含糊。

5.坚定地执行每一段在场上观察到的和与队友沟通好的战术。

2018年5月
澳大利亚比赛总结

这次的比赛成绩很糟糕，第一轮就输给了韩国，匆匆结束了此次澳大利亚之行。

一、本站比赛中反映出来的自身的问题

本站比赛暴露出的自己最大的问题依然是关键分上自己的状

态起伏很大，关键的第15分相持和加分时，自己总是先出现失误的那一方。具体来说，失误都出现在中场和第三拍的处理上。本来中场和第三拍的处理应该是自己的特长，但从亚锦赛到澳大利亚公开赛，自己恰恰都是在中场和第三拍的处理上出现失误。为什么自己的优势和特长不仅没得分，反而还丢分了呢？根本原因还是自己在意识上出了问题，尤其是防守反击上出了问题，防守没有结合限制对手、打对手漏洞的意识。

第一局15分之前，我们打得很耐心，战术执行的目的性也很强，一直处于领先，到14分时还领先对手4分，14：10，后来被对手抓我们的习惯线路打死了两个，14：12，这其实也都很正常。但后面几分的争夺中，我们的防守太消极，未察觉对手细节上的变化，应变能力太差。回看录像，其实对方的空当、漏洞也很大，但自己却没有在防守上限制对手打反击的意识，没有主动去找下一拍，防守总是硬顶，然后在那看，在那等，总是等到别人出手了再去连贯，总是慢半拍。

从15分的平局到被反超的那几个关键球上，前面几个球，我知道对方接发只会接反拍，所以前面第三拍的处理都很有目的性，弹两个底线，结合网口挡空，都很有效，对手也没有给我造成压力。但后面的几个球，我处理的时候犹豫了，在加分的第三拍上我又保守地选择了再挡一下网口。其实我心里也不很确定我再挡网口，对手是不是也没办法，由于内心不够坚决，这个挡网就很没有目的性，而且还没挡过去就想着下一拍了，结果被别人抓了自己的习惯球。失误的根本原因还是自己在关键分上犹豫不决，自信心不足。

我又失误了

此次比赛，我还存在一个问题是在中后场控制中，出机会了，自己却主动失误，很伤士气。第二局后半段，我后场控制的时候正手的动作太大、太明显，总是先去拉，正手位一出来就告诉了对手我只能打直线，很容易就被看出来。上一拍与下一拍的连贯也做得不好，出手不从容，总是没合上节奏，有时间的时候总是去等，到发力的时候就只能打这个点，追着球的时候又都是忙着出手，碰一下，没有考虑这个球我打哪里，怎么去控制它再连贯下一拍。

二、在后面的训练中自己要加强的地方

1.第三拍的处理目的性要强

快出手，抽弹分挡都要果断精准，打完一拍马上准备下一拍，时刻保持连贯，形成主动。球要打实，不要还没出手就想着下一拍，这样的话，手上的感觉总是差一点。

2.中后场控制的稳定性要提高

自己总是在中后场好打的时候，不该出现的失误出现了，说明自己的中后场稳定性太差。今后训练后场进攻的时候要注意正手位的控球，包括中场底线，都要去贴球，出手要快，去找抢点的感觉。

3.在场上不能纯靠能力去跑，意识上要去跟球

自己打完的球在哪里，要有目的地去连贯，去抓下一拍。出机会了，思想上、手上更要严谨，自己打哪里再去连贯哪里，自己心里要有谱，而不是这个球出机会了，就没有想法了，不准备下一拍了。追球的时候，要想办法把节奏控制在自己手上，不要总是碰一下。

4.防守的摆脱能力，不是一味地硬抽硬顶，防守要有节奏

防守抽分弹，自己要去跟，去跑，不能总是等对手出手了、出球了再去跑，这样就总是跟同伴卡着，转不起来，防守反击的目的也很难达到。防守的快速抽分还要和弹高远破坏对手的节奏相结合。

在对手连续快速压迫自己的时候，要有摆脱到底线的能力，也要有拉底线往前逼的意识。比赛中总会出现这么一段时间，对手适应了我们的防守节奏，我们立马变得很被动，就是我们防守节奏单一，线路不丰富造成的。

三、总结

这次比赛中暴露出的问题都是自己平时训练中没去注意的一些不好的习惯，说明我平时的训练对球的严谨度不够，训练没到位，才会出现赛场上关键分的不自信，主动失误增多，不果断，应变能力不足等一系列问题。如果平时的训练中就不断减少失误，不断累积正确的肌肉记忆，就不会有此类问题的反复出现，至少出现的频率也会越来越少，直至再不出现此类问题。

这次输球另外的一个教训就是，自己在场上还不够活，打没有打过的对手，打不熟悉的对手，以及和队友的临时配对，自己在临场准备、技战术的运用，包括信心上都是很保守的。自信心的不足就很容易在对手逼我犯错的时候，出很多习惯球，觉得很安全，结果反而被对手抓到成了对手得分，严重打击了自己的信心。究其根本，还是自己在技战术上运用的不合理，才会出现这样的问题。今后训练中就要去弥补，改进自己的不足。

我的职业生涯

享受过 2019 年苏迪曼杯世界冠军加冕的荣耀，也有过 2017 年世锦赛上单场被日本队打 3 分的惨痛。和队友、对手共同创造过超越极限的、创世锦赛有史以来最长比赛纪录的 126 分钟。2019 年，在家乡武汉，我站上了第 7 届世界军人运动会女双的最高领奖台；2021 年助力家乡，湖北女队时隔半个世纪重夺全运会女团冠军。东京奥运会上，8 进 4，我们输给最终获得金牌的印尼组合，遗憾地结束了职业生涯。这一场场精彩绝伦的比赛，都是我这么多年在羽毛球事业上的付出和回报。

第一个国际赛事的冠军：2015年亚洲青年锦标赛

2015年亚青赛在泰国举行，本次比赛中国队包揽五金，我参加了团体赛，也在此项大赛中收获了个人项目的女双冠军，这是我的第一个国际赛事的单项冠军。

我和杜玥获2015年亚青赛女双冠军

具体的比赛过程我已经不太记得了，只记得拿下最后一个球之后的那种不可思议的感觉。一切来得太突然了，我成了冠军——亚洲青年锦标赛的冠军，这一年我18岁，这是出征前我完全没有想到的。领奖的那一刻，兴奋感由内而外地散发出来，这是我拿到的第一个国际赛冠军，原来拿冠军是这样的感觉。站在领奖台上的我，除了开心与激动，更多的是另一种心情，那就是我要去训练，我要继续比赛，我要拿下一个冠军，我要为国争光。第一个冠军就像是一颗糖，激励着我继续前行。

可能是因为家里人都练体育的关系吧，得知我夺冠后，他们没有特别高兴，特别激动，就跟我说不错，再接再厉，也许在心底他们还是会为我骄傲吧。而教练会在夺冠的时候一如既往地给我们肯定和鼓励，然后马上就会跟我们说接下来还有比赛，继续抓紧训练。夺冠的喜悦一直充斥着我的内心，说实话，那时的我是没有办法完全保持一颗戒骄戒躁的心的，教练就会说我们飘了，得给我们“扯一下”，到底有没有飘呢？其实我也不知道，只是觉得自己是冠军了，可能今后就会有人来盯着我、研究我了。

拿了冠军，开心

后来，我的兴奋劲下来了，也想明白了：这个冠军只是在这一场比赛属于我，只是对这一场比赛、这一段时间训练成果的肯定，下一个冠军，依然等着我去冲击。

拿下冠军，让我知道自己比以往进步了，韧性提高了。以前的我，累了可能会告诉自己要去休息了，但这次比赛之后，每当累的时候我会告诉自己还不够，还要去顶一顶，多顶一分钟，结果也许就不一样。也许就是那一分钟，决定了赛场上的胜负，决定了是否有翻盘的可能，决定了我是否能站上领奖台。原来那个遇到困难就会急躁，就会焦虑烦闷的我，慢慢地转变为遇到困难能够去积极地调整心态，快速地从懊恼、急躁、自责中走出来，再积极地投入训练，这次夺冠后在这方面也是一个突破。第一次的夺冠也让我意识到往后的训练中，我更需要加强思想境界的提高与意志品质的磨炼，没有一个好的思想状态，训练就是被动的，就练不到羽毛球本质的东西。

其实，在夺得这项青年时期的重要赛事冠军之前，我也有拿过一些比赛的第一名，这就像游戏里打怪兽一样，需要进阶升级。刚开始打第一关的时候觉得很难，打过了就以为自己很厉害了，但你不知道的是第一关只是刚刚开始，后面的第二关、第三关会越来越难。但当你打过越来越难的关卡时，所获得的成就也令你越来越开心。

毫无疑问，第一次夺冠带给了我极大的信心，肯定了我一直以来的努力，肯定了我在羽毛球方面的付出。但我也明白，我距离成为一个优秀运动员还有很长的路要走，我有信心去改变。

2015年6月 亚洲青年锦标赛比赛总结（泰国曼谷）

2015年6月28日至7月5日为期7天的亚洲青年锦标赛在泰国曼谷落下帷幕。这次比赛自己参加了两项，团体赛和单项赛（女双）。

比赛和训练息息相关，这次比赛自己之所以能够取得比较好的成绩，赛前集训对我的帮助很大，受益匪浅。

赛前集训我是很系统地练下来的，无论是发接发还是前半场的连贯，或者是关键分，赛前都训练得非常扎实。这次比赛中，能够看到自己的特点在关键分时发挥的作用，有很足的自信心，能够很坚定地去发挥自己预想的战术。这是这次比赛最大的收获。

几个月的训练下来，问题也是一直存在，并反反复复出现，那就是我的心态不稳。每周的训练比赛中，我总是会反复出现情绪的波动、思想的起伏、情绪控制力不够的情况，影响了自己头脑的冷静。面对问题时我总是钻牛角尖，听不进任何指导和建议，固执地坚持错的，一直要做到自己满意才行。在场上应变能力不足，对不熟悉的战术，执行时总会先去怀疑自己的技术或者去怀疑战术的全面性。一直到赛前的一个月，经过教练的提点、谈心，加之自己每一次训练比赛结束后认真地总结，慢慢地自己才有了不一样的体会。从刚开始集训到临近比赛，自己心态的变化是最大的。

在训练中去尝试，在场上冷静地想办法解决困难，当脑子里一片空白时，也会积极地调动自己，让自己兴奋起来，更加投入进去。刚开始自己没有发现自己的很多改变，通过这次比赛，从团体打到单项，每一场球的发挥，都能够充分地把自己训练水平在场上展现出来，终于让自己看到了赛前训练的成果。

团体赛自己还是以女双为主，铆足劲就是想为团队贡献自己的一份力量，竭尽全力去打每一场，无论对手是谁，是强还是弱。

单项赛，自己从第一轮开始，每一场都会充分准备。第一场我们就对上了老对手韩国队，去年和她们的比赛也是很激烈很艰难地才赢下来的。从在场下对对手的分析，到准备场上自己可能会遇到的困难，自己从思想上战术上都想得很全面。上场以后自己想的就是去拼每一分，保持场上的精神面貌，从气势上就一定要保持调动自己。

打到半决赛又对阵韩国，能赢下来也主要是赢在心态上。这一对韩国女双我们并不熟悉，第一局我们打得很保守，有压力的情况下还不够放得开；第二局冷静下来以后，坚持打自己的特点，集中精力打防反，冷静地分析，大胆地变化，保持头脑清醒，以平和的心态扳回了一局。第三局比分依然很胶着，中间间歇我俩在战术上起了争议，换边后经过调整，自己的急躁情绪缓和了下来，与同伴沟通，相互鼓励，让自己更加集中精力去投入比赛。虽然我们落后很多，但自己还是当作训练在打，落后时就想想平时训练的后半局抢分，我们是怎么得分的。遇到困难了，坚定地注重在发接发上的节奏控制，打自己最擅长的，敢去和对手搏发接发，后半局发接发和前半场的连贯我们都打得很好，很耐心，最后才能赢下来。

通过这段时间的训练，遇到困难能够积极地调整，尝试不同的方法去解决问题，在比赛中看到了成效。遇到不顺时，能够冷静地调节自己，让自己控制情绪、平复情绪。遇到问题时两个人能够一起克服，统一思想。打到关键分时很平静，当成0比0，不畏手畏脚，敢去发挥，这是这段时间最大的收获。

同时这次比赛中也发现了自身更多的不足，有实力上的不足，有技战术方面的不足，也有场上应变能力的不足。后面的训练中要针对自己的薄弱环节，突出自身特点，比赛中有自己的得分手段，中半场连贯要密不透风，打防反的同时要考虑进攻的多种线路。总之，要做到点准、变速、出手快。

这次的比赛对自己来说是一个突破，一个成长。感谢教练在平时训练中的引导和耐心的指点，遇到困难时给予我正确的方向，给予我信心，感谢中国队，让我成为一个有责任感、有使命感的人。路还长，这仅仅是个开始，我有信心接受更多的困难和挑战，用年轻运动员乐观积极的精神面貌面对自己的不足，努力去克服，去改变，变成一个优秀的人，加油。

刻骨铭心的一次失利：2017年世锦赛被日本队打3分

我年纪虽不大，但因为竞技体育的残酷，我所经历的失败可不少。要说最难忘、最刻骨铭心的，那肯定是2017年在苏格兰格拉斯哥举办的世锦赛了，这次比赛中，我被日本队打3分。在当时的我看来，这场球是我人生中最黑暗的一段经历，好像天都塌了似的，好久我都走不出那场失利的阴影。

我2016年进入国家队，进队后我的成绩上升很快，混双、女双都进入了世界前八。这种超出自己实力的成绩让我有些飘飘然，觉得自己好像真的已经达到了世界前八的水准，虽然每天还是按部就班地训练，但我的思想停滞了，没有鞭策自己，在训练中没把自己的位置摆正。果然，随后的比赛就把我打回了原形。

世锦赛是在当年8月举行的。在此之前，也就是2017年5月，另一项重大赛事——苏迪曼杯世界羽毛球混合团体锦标赛在澳大利亚黄金海岸举行，这一届苏迪曼杯是傅海峰也就是宝哥的最后一届了，队里想要我们做好接力，传承国羽荣光，所以就带上了我们这些小队员参赛。没想到决赛中我们2：3输给了韩国队，中国队冲击苏杯七连贯失败。当时我们这一批新生代球员都哭了，一是觉得对不起宝哥，二是觉得我们这一代球员实力不济，还没有能力接过前辈的班。

回去开总结会的时候，我们都发自内心地表决心，一定要好好训练，宁愿训练多吃点苦，也不要再承受这种说不出来的苦。

带着这种急迫又坚定的心情投入训练，却没想到会遭遇严重的腿伤。在一次训练里，可能是地上有汗，有点滑，我“噌”一下就滑出去了，从发球线滑到网下，就听到大腿后面“咔”的一声，当我试图站起来却发现怎么都用不上力，没想到滑一下会这么严重，从来没有经历过这么痛的感觉。8月，世锦赛如期举行。此时，我的腿伤没好，教练劝我，让我恢复好了下一年再参加，但我当时的想法就是我不想放弃我的第一届世锦赛，这是我好不容易靠自己的努力打上了排名才有的参赛机会，因此我就跟教练说我没什么事了，我可以打。但实际上，我的伤腿并不能支撑自己完成一场完整的高强度对抗比赛。

带着这种复杂又纠结的心理，我走上了世锦赛的赛场，结果大家都知道了——女双我们对阵日本队时，被日本队打了个3分。虽然知道自己是由于腿伤，此前的训练量达不到比赛的要求，但这样的比分还是让我难以接受。中国队历史上被对手打3分的情况也是少之又少，这更是让我无法接受的事实。

也许是自己坚持要做的事被证明是错的，在教练的沉默中我开始胡思乱想。我是不是不该选择参赛？是不是应该听教练的话退赛？是不是应该在比赛中途选择退赛？我是不是拖累了东萍？如果我选择退赛了是不是就不会有这样的事情发生？赛后差不多三个月时间，我感觉世界都是灰色的，随后的三站比赛我也都退赛了，想要好好养伤，不仅是腿伤还有心伤。

其实队友们对我的比赛结果也没有表现出很吃惊，他们都在忙着各自的比赛，没有人有时间来观看我的“惨败”，没有人安慰也没有人指责。但当时自己就是自尊心作祟，觉得自己被打了3分，很丢人，给了我这样的机会我为什么会做出这样的事情？那种羞耻感让我就是不敢见人，不管见了谁都很怕说起这场球，觉得这是天大的事，天塌了，想要一走了之。

晚上失眠，翻看手机，球迷也是骂声一片，你会不会打球？你怎么进的国家队？此类的评论多不胜数。我觉得球迷们说的都对，也在心里谴责自己怎么进的国家队，一时之间过往的努力和荣耀都被自己给否定掉了。此前的努力和伤病好像都是自己在矫情，会不停地问自己，为什么非得坚持到现在呢，我这不是在浪费国家资源吗？

从格拉斯哥回到北京，我整天把自己闷在房间里，门都不出。几个姐姐来跟我说，“走啦，出去转一转”，但一出门看到那和格拉斯哥一样的乌压压的天空，就和我的心情呼应上了，怎么也疏散不了心口的那团气，哭不出来也笑不出来，朋友们也都小心翼翼地不在我面前提起这件事。我感觉自己干什么都提不起精神，整个人很迷茫，想被赶回省里，想回家。

那段时间潘导一直陪着我，反复地劝导我，“人家说人家的，你要真不行，我们培养你干嘛呢？”她还总是用“我们看中的就是你的拼搏精神，你很优秀”这样的话来鼓励我。但那时我根本听不进去，只觉得我给中国队丢脸了，还连带教练帮我承担舆论压力，给他们添麻烦，自己还不如走了算了。熊姐也给我发信息，让我熬过这段时间，心理强大一点，天不会塌，地球照样转，能有什么事呢？我的省队教练韩导怕我受打击走不出来，每天都会给我发信息，会问我吃饱了吗，让我训好练、睡好觉。

潘导也不出去比赛了，她开始让我进行恢复性训练。恢复训练特别累，每次都训练到整个人瘫在那里，饭也不想吃的状态，最终

这段难熬的时光，潘导一直陪着我

我的4000米恢复到18分钟以内，400米也可以跑进1分15秒，以前5个400米我都是可以跑进1分10秒以内的，左右腿的机能还是有些差距，我就这样闷着头练，一直坚持了两个月，终于把力量和技术恢复起来了。每次训练结束，潘导还会陪着我一起吃饭，她不在的时候也会给我发视频，问我吃饭没，让我给她看看我吃了什么，对于她不厌其烦地反复询问，我觉得很无奈甚至会觉得不耐烦，脑子里想的都是“你不要管我了，我就这样了，你还有什么好帮我的呢？”但她依旧这样逼着我，逼着我训练，看着我吃饭，晚上九十点钟来查我的房，看我睡觉没，不让我看手机，怕我看手机心情不好。她就这样盯了我差不多三个月，陪我度过了这段难熬的时间，把我当成孩子一样。其实，我猜就连自己的孩子她也没有这样陪伴过。

从那段阴暗时光里走出来，调整好状态，我的第一站比赛就遇上了同样的对手，再次碰上她们我很兴奋，两局我们就赢了，第一局也打了她们一个单局9分，瞬间就有一种扬眉吐气的感觉。几年后再来审视那段时间的自己，会觉得当时自己确实还不够成熟，不够稳重，失败当然也不是偶发的。事实上，在再次遭遇我的这对日本队对手前，除了恢复性训练，我还整整看了她们一个月的比赛录像呢。

当我缓过神来，才觉得其实也真没多大事，大家也都忘了，不会在意这些，网上也没人关注我了，一些微博底下还能看见网友们留下的“加油”和爱心符号。走出来之后，再去回想自己那些“要死要活”的心理还有“行尸走肉”般的状态，也会感到一点奇怪，当时怎么就那么伤心呢？现在回想起来，我很感谢教练和朋友们的陪伴，感激他们的包容。这段时间的陪伴让我知道没有人理所应当对我好，在我最困难的时候还有人愿意帮我，我应当永远铭记于心。

迈过这道坎以后，就再没有什么事情会像这次失利让我那么难受了，好像很多事情都能想得开了，不管是输球还是训练中的瓶颈，都能迅速调整过来，也能很快去面对，心理真的强大了很多。

2017年8月
世锦赛和9月全运会比赛总结

8月到9月，苏格兰世锦赛、天津全运会相继结束，从训练、集训到两站大赛，自己许多的经历是之前从没有遇到过的。

世锦赛到全运会最大的收获就是内心调整的一个过程。世锦赛上被日本队打3分，对自己的打击很大，这是自己赛前训练心态上、思想上不重视，调整能力薄弱，能力不足，训练中情绪急躁、较劲所付出的沉重的代价。回顾自己在世锦赛上的表现，训练没有基础，细节没有做好，比赛中过于想要，人不在球里，场上自然而然地不知道如何应对每一个球，如何面对困难。比赛失利后，又把自己封闭起来不去接纳对的或错的分析，过分地跟自己较劲，跟同伴和教练没有沟通，只想自己的，太过于保护自己。这是自己性格上的缺点，个性太自我，不够成熟。

今后，我想在生活管理、情绪控制方面改善自己。

生活中的我自我约束能力较差，不太注意细节，比较随性，忽略了自己的一言一行会给队伍造成的影响。今后，我要严格管理自己，从一点一滴做起，凡事注意细节，改掉自己随性的毛病，自律，少以自我为中心，遇事需考虑别人的感受，多从团队出发思考问题。

情绪方面，我训练和生活分得不够清楚，容易把平时的情绪带入训练，训练的情绪带入生活，对自己情绪的把控力远远不够。赛前训练心态起伏很大，过分地在意自己的情绪和放大错误，造成对自己的不自信，同时也影响到队友（被我气得要死）。今后要多沉淀自己，多自省，少浮躁，情绪易冲动时先让自己冷静，遇到困难，多听取教练和队友的意见，多吸收。

世锦赛之前，我遭遇了严重的腿伤，客观上也造成了我此次世锦赛的成绩不佳。集训期间，伤病导致我的训练没有了保障，体能上不仅没有达到比赛的能力要求，比原来的能力上还差了很多，没目的性地去练，干着急。全运会期间，体能不足的问题严重暴露，精力一段一段的，不能够正常发挥一场球，脑袋进不去球里。后面自己一定要抓紧时间积极地治疗和恢复，让伤病痊愈，体能要恢复并突破。高水平运动员必须要有体能的保证，踏实地上好每一天的训练课，训练中要求自己必须多动脑多去想，养成良好的训练习惯。

经过这次世锦赛和全运会的集训和比赛，感觉自己对技术的意识和对球的理解都有了新的认识。手上面，手指的运用、手指对球的感觉都有了一个意识上的提高，后面还要花时间去磨，多熟球。脚上面，防守前点脚下的调整，脚踝的启动调整、脚下的移动调整在意识上都有提高，但做起来并不是每一天都能达到教练的要求，还是用脑不够。抢点意识也有了提高，但比赛中我发现我防守时整个重心是坐着的，启动相对会慢，虽然有抢点意识，启动太沉，抢到的点基本上也都很低了。快速控制中的失误率有降低，看人打也好了很多。

其他方面，前半场动作小脚下连贯，但后场的抢点意识和核心的运用还是完成得较差，进攻的变化太少，还要进一步加强后场变速进攻的能力和落点的精准。与同伴的沟通不够，特别是在同一个点上打得难受或多次失误的球，下场后没有认真地思考场上出现这些情况的原因，当然也没有找到解决的办法，导致问题一直堆积，场上再遇到同样的问题时自己就只会一根筋地着急、放大问题。今后，一定要逼着自己多磨比赛中失误较多的技术，多动脑。

总之，加强个人实力是王道。

如果我今天逃避了不想去看我今天为什么输，不去一个球一个球分解来看、来分析我自己当时的心理、技术、能力，那么我下次的结果还是会输。只有让自己经历痛苦，对手才不会让你痛苦。

成为世界冠军：2019年苏迪曼杯世界羽毛球混合团体锦标赛

2019 年，第 16 届世界羽毛球混合团体锦标赛，中国队重夺苏迪曼杯

苏迪曼杯每两年举办一次，2017年中国队卫冕苏迪曼杯失利，赛后好几个大哥哥大姐姐也相继退役。2019年，第16届苏迪曼杯世界羽毛球混合团体锦标赛在南宁举行，到了我们这一代运动员主打的时候了，重夺苏杯的任务实实在在地落到了我们肩上。

队内竞争参赛资格时，潘导曾郑重地问我："你有没有信心去承担这样的任务？"2017年的失利还历历在目，我发誓这次我一定要参加，一定要为中国队赢回来。于是我坚定地告诉她："我想上场，我想重夺苏杯。"

那时我和杜玥的女双组合已经具备这样的实力了，教练就把我们放在了大名单里。我和杜玥姐是2018年又重新组合在一起打女双的，因为东萍那时已经选择主攻混双了。许久没有合作，我们的技战术配合短时间内还无法达到一个稳定的比赛状态。但开局有力，2018年第一站海南陵水国际羽毛球大师赛，我和杜玥获得冠军，我俩的女双也成功地固定下来。我和杜玥不像我之前跟东萍，一年里面前十站排名就达到了世界前八，而是一站一站地走上来的，可以说是走得很扎实，一步一步进入苏迪曼杯的大名单里。

这次的苏杯在广西南宁举办，大家都很想在自己的主场拿回上届失去的苏杯。但压力也很大，因为那个时候单项排名世界第一的都是日本队队员，而且日本队有集团优势，双打有两队实力很强的组合。相比之下，我们有的是刚刚重组，有的是刚刚崛起，排名最多也只是在世界前八。这样的形势对比下，谁都明白日本队是夺冠大热门，大家都憋着一股劲儿，只想着认真把自己的每一场球打好。

小组赛，我和杜玥迎战马来西亚队。第一场球，我和杜玥都有点紧张，此役我们打的是一双，马来西亚出的一双实力不俗，其中一名队员是上届奥运会周期的世界前八，因此比赛一开始我们就做好了奋力一搏的准备。心里想着既然都上去了，就不能输，守好我们这一分，后面的队友就能轻松点。比赛的结果也很好，我和杜玥2：0获胜。

和日本队的决赛自然是最有压力的。团体赛总共要比五项，男单、男双、混双、女单和女双。首先开打的是男双，结果没想到男双一上去就开了个好头。第二场女单陈雨菲拚了三局也取得了胜利。所有的压力都来到了第三场男单的较量上了，日本的男单选手桃田贤斗，在打积分赛的10站里面就没输过球，以往石宇奇打他也是输多赢少。石宇奇上去的时候我们就在下面看着，咽口水，感觉我们没上场的人比他上场的还要紧张。比赛的过程和我们预想的大相径庭，石宇奇的每一个球都好像超常发挥，势如破竹，打得桃田贤斗一点办法都没有。没想到会赢，更没想到会赢得这么轻松，男双、女单、男单三局，我们3：0赢了日本。

比赛结束的第一反应就是祝贺杜玥，恭喜她成为新科世界冠军，然后又反应过来，哦，原来我自己也成了世界冠军了！梦想实现了，决赛还是“躺赢”的，感觉真好。

我们一众小伙伴一起加冕，成为新科世界冠军

那时候的国家羽毛球队队服后面有五颗星星，象征着羽毛球领域内最高级别的五项赛事：奥运会、苏迪曼杯、汤尤杯、世锦赛、世界杯，每拿到一个冠军，就可以点亮背上的一颗星星。我的梦想就是成为世界冠军，点亮自己背后的星星，没想到这么快就拿下了第一颗，就在我22岁的时候。

我们开心到所有人都上去围着转圈，叫啊，喊啊，真的很激动

比赛结束，全场都沸腾了，我从来没有体会过这种被欢呼包围的感觉，那不仅是作为一名运动员的兴奋，也有身为中国队一分子、身为中国人的自豪。当时我们好几个人都成了新科世界冠军，包括东萍也是，我们就互相祝贺。

全场都回荡着《义勇军进行曲》，所有人都站起来唱，气势滔天。随后几个男孩儿就一起把军导抱起来，举得很高，好像把此前所有的压力都转换成了浑身的力气，也只有通过这种方式，兴奋激动的心情才能被释放出来。

因为比赛地就在中国，所以高凌姐这些老队员都作为嘉宾或特邀专家来到了比赛现场，过来支持我们，给我们加油，有时候他们还会陪我们训练，在一旁指导。熊姐来的时候我像吃了一颗定心丸一样，还开玩笑说："决赛要是输了你会不会转头就走？"虽然后面熊姐有事先走了，但她一直在看电视转播。比较意外的是，决赛时香港歌手李克勤也来到了现场，夺冠后他一下就从观赛席跑上来和我们一起庆祝，一起唱歌。

赛后的庆功宴也很热闹，我们这一代人，通过自己的努力捧得了属于中国的第11座苏迪曼杯，压在心中的一座大山被我们齐力搬走，那种轻松和开心溢于言表。提高一个团队凝聚力的最好方法就是拿一个冠军，经历了这场比赛的我们好像从此成了牢不可破的城墙，在此后的国际赛场上拼尽全力，为国家、为团队而战。

有人会问，退出国家队比较早，五颗星星只点亮了一颗会不会觉得遗憾？我的回答是，换了赞助商，运动服背后也没有星星了。这是玩笑话，其实真没什么遗憾，因为这十几年里，我不断精进羽毛球技战术，所有的事情我都全力以赴，高峰低谷，酸甜苦辣，我成长为一个全面的人。以前觉得只有冠军才会被记得，但经历过之后就会发现，站上领奖台，无论是第一名、第二名还是第三名，下了领奖台一切都归零，又是重新开始。所以，只要不辜负自己的努力，就没有什么好后悔的。

超越极限：创世锦赛有史以来最长比赛纪录

当最后一个球落在对手场地内，裁判示意比赛结束时，我瘫倒在地，一场鏖战，126分钟漫长的比赛。我们赢了，赢了高桥礼华和松友美佐纪！她们是里约的奥运冠军组合，我们最难突破的对手！

在我心里，她们就是我们出道以来迈不过去的坎，不管是技战术的熟练度，还是比赛经验和心理承受能力，都比我们成熟许多、优秀许多。早在世锦赛开赛的一个月，对阵表出炉，如果顺利，八强赛中我们的对手就是高桥礼华和松友美佐纪。说实话，我心里一千个一万个不愿意，最不希望的就是跟她们分在同一半区。我研究过她们的比赛录像，包括与我们交手对阵的录像，以及与其他强手的对阵录像，每一场我都认真做了总结，试图找出对方的软肋，结果令我失望，几乎找不到她们的大漏洞。

我一直都将她们视作标杆，努力训练就是希望在对决时能够有与她们匹敌的实力。

此次世锦赛是东京奥运周期里的最后一次世锦赛，也是奥运会之前顶级的大赛。比赛成绩是要计入奥运积分里面的，当时日本女双实力雄劲，世界排名前10里面，有5队都是日本选手。就目前的积分而言，如果我们能赢得这场8进4的比赛，那么中国队就有两对女双可以参加奥运会；否则，中国队就只有一队，而日本有三队进入奥运会。如果是这样的话，中国女双的奥运之旅就会很被动，会让日本队形成包围之势。能参加4年一届的奥运会是每位运动员的梦想，所以，无论如何都不能因为我们的失利让中国队少了一个参赛名额。此次正面交锋，我们必须要战胜标杆，没有退路可言。

我和杜玥分析了我们各自的优劣，对手是全能型战士，久经沙场，经验丰富，但我们更年轻，在体能和耐力上占优。而就我和杜玥各自的身体素质来说，我爆发力较好但耐力方面有所欠缺，杜玥在耐力上会比我好很多，她需要增加的是爆发力和速度的训练。经过商议，我们确定了训练思路：既然对手没有明显的软肋，那我们就从自己身上找优势，我们将训练重点放在了提升体能上。

就这样，我们在成都开始备战。体能训练不能三天打鱼两天晒网，必须持之以恒才能稳步提升，进而保证关键时刻够用。我每天都要跑步，状态好的时候跑1万米，最少也得跑到8千米或者5千米，7月份的成都暑热难当，跑步时都觉得有几个太阳在头上顶着。跑到第二周的时候，我的膝盖脂肪垫都积液肿起来，也顾不上冰敷，就一直坚持着完成当下的任务，有时候训练到顶点，还会低烧，也依旧咬牙坚持着。我大概算了算，备战期间我累计跑了6万米，相当于从武汉跑到了孝感。我的搭档杜玥则在速度和变速方面接受系统的体能训练，她需要冲跑400米，在缺氧的状态下突破自己的临界点。虽然训练起来有些笨，但也实实在在地为我们后面的比赛打好了体能基础。杜玥其实不擅长也不喜欢这样的训练，但她勇敢地直面问题，突破自我设限。这一点，我打心底里佩服她，我们在用行动鼓励彼此要做到全面、优秀。

2019年8月23日，我人生中最难忘的日子。站在赛场上的前一

决战时刻到了

秒，我心里还是有些忐忑不安的，掺杂着兴奋和紧张，也有一种终于等到这一天的释然。决战时刻，我们穿上印有“CHINA”字样的队服，现场也来了不少中国球迷为我们加油，教练一直给我们坚定的眼神和战术指导，这时候我的紧张情绪有所缓和，起码内心很坚定。

我们和对手握手，打招呼，抛硬币，比赛开始了。我们拿下了第一分，但随着比赛的进行，对手的攻势显现出来并逐渐拉开了比分。我们也不甘示弱，在第一局的后半段，我们追了上来，并死死地咬住比分，到最后，21∶21、22∶22……23∶25，第一局我们惜败。在23∶24时，我因为赶着去救球还误伤了杜玥，她的眼睛都充血了。第一局的落败让我们觉得压力倍增，赛场上的情势对我们很

第一局，我们 23 ∶ 25 输掉了比赛

是不利。

第二局，对手依旧保持猛烈的攻势，打到后半段我有些撑不住了，因为我一直在加速，体力消耗得比较快。而杜玥或许是刚受伤，也或许是有些缺氧，还有点懵懵的，我俩没有达成完全一致的节奏，相较于对手，我们有时候就慢了半拍。隔壁场地的队友输给了印尼队，这给尚在赛中的我们不小的打击，情势变得愈加严峻。我不断提醒自己，不管多累，都要咬牙坚持住，否则中国女双在奥运会上就毫无优势可言了！还是和第一局一样，对手甩了我们两三分，我们紧紧地拖住她们，我知道我的身体在走向极限，所以每得一分我都举拳呐喊，给自己和搭档鼓劲，终于16：16的时候，出现了转机，对手比我们先进入了肌肉缺氧状态，我们追上了比分，最后21：18我们取得了第二局的胜利。

第三局，也就是决胜局。一开始，我们还是死死咬住对手不放，8：8、9：9、10：10，场上的四个人都到了体力和耐力的顶点。11分间歇，我的身体出现不适，我跟潘导说我需要大量补充电解质，吃了好几根香蕉，喝了五瓶运动饮料，就这样13：13，到13：14的时候，我的左腿抽筋了，一下子不受控制，一个封网球打下网，差点摔过网子。我向裁判叫了伤停，脱鞋的时候我俩互看了一眼，有些不知所措，从脚趾头到大腿每一寸肌肉都在抽搐紧缩，脚趾因为前面磨损，袜子上全是血迹。

我只能和杜玥说，接下来的比赛就靠她了，我还能撑到比赛结束，但只能小范围帮她封网，管好我眼前的球，来配合她进攻。杜玥默默地帮我踩着腿，她此时在酝酿着最后的爆发。重新回到场地，她彻底把自己放开了，面对来势汹汹的进攻，她都沉着冷静地招架住了。没打多久，我的右腿也抽筋了，两条腿支撑我上身的重

第三局，杜玥彻底爆发了她的小宇宙

量都有些困难。对手情况也不乐观，她们和我一样，也抽筋了。裁判向我们和对手施压，说如果我们一直这样叫伤停，可以选择弃权。尚在比赛中的我可不会有弃权的念头，对手想完成比赛，我也想完成比赛，大家都挺难的，难也要坚持下去。当时脑海里浮现的念头就是战争年代属于先辈的硝烟和流血的战场，要么胜利，要么战死疆场，没有逃兵。心中的那团火焰激励着我，哪怕死也要死在场上，比赛的意义已经不在于谁输谁赢了，而在于向世人展示永不言弃的体育精神。

最后几个球，对手还领先1分，我们紧紧咬住。15：15、16：16……19：19，20：20，加分了，我们终于在最后时刻反超了对

这场比赛关乎中国队能否稳固两对女双入选奥运阵容，我们做到了

手，连续赢了两球，记分牌停在了25：23！终于结束了这场比赛，我累瘫在球场上，第一次以躺下的角度望着头顶的灯光，我的泪水一下子就涌了上来。终于赢了她们，可敬的对手，这是我以前不敢想象的啊！

教练过来将我们拉起来，和我们拥抱的时候，我看到她们眼里也泛着泪花。教练坐在后面陪着我们，漫长的126分钟，她们心里更加煎熬，更加难受，更加心疼，而且还不能将内心情绪表现出来。我和杜玥搀扶着走出赛场，在场外有记者采访我们，我们在镜头前泪流满面。当时采访的内容我已经记不清楚，只是杜玥的一句话让我铭刻在心，她说："技战术很重要，信念更重要。"正是这样的信念支撑着我战到了最后，支撑着杜玥爆发出她的能量，也正是这样的信念让日本队在高龄的身体状态下和我们战斗到底。她们并没有自诩奥运冠军而轻敌，相反，她们也和我们一样，对待每一个球都很认真。

得知我们赛了126分钟并破了纪录的时候，我们都很惊讶，因为在赛场上，我们并没有清晰的时间概念，所有的注意力都投入每一个球上面。毫不谦虚地说，这是我人生中一场精彩绝伦的比赛，不管结果如何，它都向世界展示了中国运动员的精神面貌，展示了竞技体育的风采。

比赛结束之后，我和高桥礼华、松友美佐纪都保持着联系，
她们是我最崇敬的对手，也是很要好的朋友和姐姐

我的个人技术特点分析

缺点：

1.出球的速度太平均，特别是正手，没有爆发的那一拍。

2.训练末期容易松，精力跟不上。

3.上手杀球总是发不出力，杀完球后的跟进连贯，没有意识。

4.脚上的小步，转换，调整很差。

5.很容易急，特别是打得不顺时，不够耐心。

6.进攻的线路总是不清楚，总是打一拍是一拍，容易突然不知道要怎么练。

7.接发球的变化太少，出习惯球很多，球路太单一。

优点：

1.反手抽挡比较硬，有速度。

2.分球时思路很清楚。

3.下肢爆发力和速度还不错。

4.很喜欢比赛，兴奋度很高。

军人荣耀：
第七届世界军人运动会女双金牌

第七届世界军人运动会2019年10月在湖北武汉举办，印象里，家乡武汉从前好像没有举办过这样的大型运动会，同时羽毛球赛事也是首次在军运会亮相。

为祖国而战义不容辞

那时，我和杜玥正在欧洲打积分赛，这个时间段正是东京奥运积分赛竞争最激烈的时候。当时是欧洲三站（丹麦公开赛、法国公开赛、德国公开赛）和军运会恰好时间冲突了。参加军运会是没有奥运积分的，如果我们参加军运会，就意味着我们要放弃两站欧洲的比赛，少打两场积分赛，相当于少了20%的积分争夺机会。我、杜玥包括我们的领导、教练在这种艰难抉择下，也犹豫过，但祖国需要我们，我们义无反顾地回来了。当时就想，不过是后面的积分赛再多努力赶超嘛，相信我们可以的。军运会是为祖国征战，比起那两个公开赛，意义更大，在我们心中的分量也更重。

军运会的比赛时间拉得很长，我当时在武汉大学卓尔体育馆打了10天，比赛期间我们甚至没有出过门，就在武汉大学和军运村之间两点一线地往返。那也是卓尔体育馆首次启用，看到新修的羽毛球馆，心里多少是兴奋的，终于有机会能够在家乡代表中国、代表中国军人出征了，毕竟我儿时说出的第一个梦想是想当世界冠军，而另一个就是希望成为一名军人，没想到两个理想能够在羽毛球的道路上一同实现。

回到武汉也未曾回家里看望爷爷奶奶和家人，他们也很理解，不会在我比赛时过多地打扰我，但我知道他们是很自豪的，也在期盼着决赛日那天。我与杜玥每天都在准备，对每一场比赛都很重视。

在武汉，我们代表祖国，代表中国军人站在最高领奖台上

武汉的羽毛球氛围很好，军运会期间球馆每天都座无虚席。最后一天决赛的时候，好多观众由于买不到票，不能进现场观看，只能站在馆外听声音。所有的人都在为我们加油，为中国加油，我很喜欢那种热情高涨的气氛。现场气氛越热烈，我内心反而越平静，有一种归属感带来的安定。决赛对阵的是东萍和郑雨，每一局比分都是交替上升，我们总共打了3局才决出胜负，三局球里我心无旁骛，只想为家乡人民奉献一场精彩的比赛，我很享受这一刻。不过，比赛中有一个小意外，第一局，黄东萍偷发了我一个后场，我没有反应过来后退速度太快，直戳戳地摔在了地上，当时后脑勺着地"嘣"地弹了一下，摔得我有点懵，恍惚中一下就连丢了3分。幸好后面我们俩连扳两局，大比分2：1获胜。

印象最深刻的是颁奖环节，其他国家的运动员都是穿着运动服，我们是唯一穿着军装上台领奖的队伍，有一种神圣感。颁奖完毕，教练带着我们一起绕场向观众敬礼，整个体育馆里面环绕着雄壮的国歌声，我们在竞技场挑战极限的同时更是为军人荣誉而战，自豪之情油然而生。

比赛期间，军运村还举办了形式多样的活动，我喜欢做的事情是和其他国家的运动员交换徽章。军运会的徽章和其他运动会的不太一样，带些军队文化的元素，比如海军的、空军的、陆军的。我的证件带子上面挂满了来自世界各地的徽章，这种文化交流让我觉得很有意思。

武汉军运会对我的人生有着特殊的重要意义，既是为国家、为军队增光添彩，更是我对家乡这么多年培养的回报。盛会落幕，成绩归档，这场比赛必将指引我下一步的前进方向，去迎接更精彩的多样人生。

东京奥运行：缺憾也是一种精彩

再次踏上为国出征的路，目的地日本东京，因为疫情，奥运会整整推迟了一年。我们从总局出发的时候，孙春兰副总理亲自来为

东京奥运的羽毛球项目于 2021 年 7 月 24 日开战

我们送行，鼓舞士气，彼时我开心了好久。当我们到达机场，在安检处挥手道别的时候，就只剩下了10个参赛选手和教练了。原本集训的时候，有将近100人陪着我们训练，到最后女双只剩下我们4个人了，有那么的一瞬间，我感到落寞和孤独。然而我很快就回到了启程时的兴奋状态，我告诉自己，参赛名额是我们自己与国外选手竞争来的，一定要好好珍惜，为祖国、为中国羽毛球队争光，让没能去东京的队友也感受到胜利的喜悦与荣耀。

本次奥运可以说是史上最难的一次，因为新冠肺炎疫情全球大流行，奥运会推迟了一年。中国羽毛球队一直都在成都备战，成都是国羽的“龙兴之地”，但对我来说，煎熬和迷茫却是我来到成都备战期间的一种真切的感觉。比赛时间的不确定性，对对手备战状态的一无所知，第一次参加奥运会的紧张感，这些都反反复复、时时刻刻地在心头萦绕。差不多5月底的时候，我发觉自己常常不在状态，明明很想认真训练，谨慎对待每一个球的，但总感觉身体要比思想慢半拍。每天训练完之后，我总是会自责：为什么今天又没有发挥好，为什么今天失误那么多，为什么今天配合又没有打好，明明这些分就是不该丢的呀。我很沮丧，很苦恼，觉得自己无论怎么练，都达不到我对自己的预期，这种状态怎么打奥运会啊，内心很悲观。6月底的奥运模拟赛，更是让我陷入了前所未有的低迷状态。模拟赛的第一天，我就输了比赛，对于运动员来说，输赢并不是什么值得奇怪的事情，可是，在成都这两个月的训练，一次又一次的不如意，一次又一次的自我否定，让我对自己产生了怀疑，我变得脆弱敏感，很在乎别人对自己的看法。第一天模拟赛下场后，我关掉了手机，就想躲起来，躲进一个能够让我发泄情绪的，无声却又充满安全感的洞穴之中。教练找到我，安慰我，但我的心情依然还是难以平复。

成都备战期间，大部分时间的我都是处于一种闷闷的、自责的状态

我能感觉到搭档和我一样，心理压力也很大，每次训练出现问题的时候，她也会变得有些害怕面对，所以我俩有时候100分钟的训练下来，就沉闷闷地分开坐着，各自想着自己的心事。其实，我俩的想法是一样的，都想为对方多分担点，当我们训练效果不好的时

候，都会觉得自己没有帮到对方。

备战奥运的这段时间里，我经常夜里做噩梦，梦见自己从高处往下跳，无论怎么挣扎也飞不起来，醒来时发现自己在淌眼泪。为了调整情绪，我也会和朋友打电话倾诉，说着说着我就号啕大哭起来，一开始她们有些吓到了，但是两次三次之后也就习以为常了。也许是压力大的原因，我的耳朵上平白无故长了很大一个囊肿。其实不光是我，大家备战期应该压力都比较大，那段时间大家的身体或多或少都出现了一些问题，比如我们有队友全身过敏，去了几趟医院，也查不出病因。我们脖子、身上，全都起了痘痘，当时都以为自己毁容了。当然，成都备战也不全是痛苦的回忆，比较有趣的一件事是，和四川队的教练队员们聊天，他们讲他们的成都话，我讲我的武汉话，毫无违和感，很有意思。

来到东京，又是另一番让人难忘的记忆。

首当其冲的就是住宿条件比较艰苦。一个套房住六个运动员，三个房间，随行的翻译小姐姐就只能在客厅打地铺。奥运村的床是用纸板做的，门和墙也是纸板做的，用手轻轻敲一下，还能感觉到这是空心的纸板。床位很窄，大约一米的床头贴着一张说明书，说明拼接纸板床的八个步骤，睡到最后一天，我的床终究还是塌陷了。不过，我在奥运村的睡眠还是可以的，每天都是倒头就睡，也很少做梦。

奥运村里的伙食还不错，种类很多，档口摆放着各类美食，中餐、东南亚餐、西餐，我就蛮喜欢吃日餐。餐盒的规格比较小，也是纸做的，用纸餐盒盛到的分量较少，这样就避免了浪费。

奥运村里可以遇到全世界各个项目最顶尖的运动员。我就无数次地看到了我的跨界偶像德约科维奇，每每碰到他，人们都去与他合影。那时东京的疫情还有些严重，我们都是错峰吃的饭，有天下午我记得人很少，碰到德约科维奇正好吃完了要走，5.0眼睛的我一看没人，鼓起勇气百米冲刺了过去，拦截他找他合影。也挺想去看我喜欢的乒乓球和女排比赛的，我还专门给丁霞姐发信息说要去给中国女排加油，可惜因为和羽毛球比赛时间冲突，很遗憾都未看成。

因为害怕疫情，我和德约科维奇合影时口罩都没摘下来，最后看到成片时还有些许的后悔呢

来东京之前，我给自己施加了很多压力，将内心的恐惧放大成不可战胜的怪物。可来到东京之后，我发现东京之战和我此前所设想的还是有所不同。我觉得，奥运会是我打过的没有很多高质量的技战术对决可言的比赛，赛场上大家的水平都差不多，没有以往的战绩与世界第一的水准，拼的是心态、胆量和意志力，当然还有天时地利人和。

站在东京奥运会的赛场上时，我俩反而比成都备战时心态好很多，坦然面对比赛

小组赛，我和杜玥顺利过关。抽签打8进4，我们的对手是印度尼西亚的波莉、拉哈尤，我们输了，就此我的奥运之旅戛然而止。但我没有想到的是，她俩会是最后东京奥运羽毛球女双的金牌得

主。打了3届奥运会的波莉，终于在她个人职业生涯的末期达到巅峰，为我们生动诠释了什么是坚持的力量。赛后我从新闻里得知，奥运会推迟的这一年里，波莉的家庭遭遇了重大变故，赛场上我从她的眼神里就看到了坚定，看到了她对奥运比赛的珍视，她获得金牌，我打心底为她高兴，佩服她、祝福她。

比赛结束的那一刻，我知道我已经没有机会在东京奥运会的领奖台上奏唱国歌了，我以为我会哭，但我内心平静，没有情绪，没有眼泪。我10年的梦想结束了，真的如梦一样，漫长、梦幻，最后好像也很快。要问我有没有遗憾，答案是肯定的；但是要问我后不后悔，我一定坚决地说不后悔，就当是人生的一场记忆，不论结果如何，都值得回味和珍藏。

直到现在，我还想念着我的那些国外的对手们，我和印尼队、日本队、韩国队、马来西亚队还有新加坡队的队员都还有一些联系。和日本队的队员联系更多，我们互有微信，每次对话框弹出她们的消息时，我都觉得惊喜。奥运期间，她们总带好吃的零食给我，还送给我各式各样漂亮的奥运特制徽章。想起这些，我总是心里一暖。等疫情结束了，在中国比赛时，我一定要带她们去吃中餐，叙叙旧。我们虽然语言不通，大伙儿坐在一起，到最后也不知道在聊些什么，却都能听得懂。

从成都到东京，这一路走来并不轻松，最后的结果也并不完美，但如果时间倒流，我也愿意再去经历一次，因为这是一段值得经历的、铭记于心的独特记忆。

2021年5月—6月 东京奥运备战日记（系列）

2021年5月21日，东京奥运倒计时65天

今天的配合训练比昨天好了很多，一共做了40分钟的配合训练，比起昨天的沉闷，今天跟搭档的沟通好了很多。今天上场训练前自己有过畏难情绪，觉得自己的状态还不如昨天，昨天的状态就很差，身体反应也很大，精神很疲惫。但是想想就这样练吧，还是要去克服客观的因素，积极地调整，能够投入多久就练多久。

刚开始的配合训练以抢分为主，三局，赢了一局。从第四局开始，我和同伴的沟通又没有了，没有互相鼓励，各打各的，脑子里也没有什么战术，两个人的配合也是很乱，失误很多，基本都是靠个人特点得分。

输掉第四局以后，我们俩自己叨叨，“如果状态好，这个球肯定能接；要是身上没这么疲劳，这个球肯定没问题。”同伴出了一个不合理的球，她懊恼自己，觉得为什么要出这个球，明明可以得分的反而因为出球不合理而丢分。我说“没关系，也不是你一个人的问题，换作平时，我也能接到”。

状态方面，今天依然很差。反应很慢，球都到面前了才反应过来，没有思考的时间，脑子里也是比较模糊，觉得今天肯定达不到自己想要的质量和效果。对自己的状态有了认知以后，反倒没有如昨天那么沮丧，只是想着只要能够坚持在不好的状态下多集中精力一段时间，就能练到。

同伴状态也不好，在出现困难的时候，摇头，叹气，有时候甚至无头脑地进攻发力，结果当然是适得其反。这样一来，同伴的情绪也更加沮丧，愤怒，无奈。有去尝试调节自己的心态，但调动还是不够积极，跟比赛来比，训练还是会脱轨，因为比赛不会让自己就这样算了。

技术上，今天练的是防守，训练效果一般。本来防守是自己的特长，但今天却反应来不及，对手速度太快导致我的失误较多。补缺技术练了封网，看了录像后自己有了新的想法和套路。教练也过来指导我，觉得我的发力靠后，速率不够，在等球，没有迎前预判。这也是因为这两天对训练效果不满意，情绪不好导致的。

昨晚的睡眠包括午觉，都会连续做梦，直到哭醒，感觉睡起来以后依然很累很疲惫，精神状态一直处于很困的状态。

2021年5月22日，东京奥运倒计时64天

今天的训练以技战术为主，打了70分钟的战术，3局比赛，分别跟不同的对手各打一局，三局全输，第一局19：21，第二局20：22，第三局15：21。

今天一上去就想积极地调动情绪，当作奥运会比赛来打，开局状况还不错，但是技战术上和身体上还是状态不佳，全部都是关键分输掉比赛，到第二局教练提醒让我不要着急，进攻控制节奏，减少失误。

今天的状态起伏还是很大，特别是打到相持分数时，我们两个今天整体速度还是太慢，所以达不到理想的战术要求。第二局比赛两个人战术不统一，各打各的，也没有交流和沟通。我想通过速度来带动搭档，但是搭档的情绪一直很消极，摇头，沮丧。我心里着急，希望通过自己的实力去得分，搭档的状态不好就想

自己多承担一点，把自己手上掌控好，先去拼，因为其实对手的状态也不是很好，我还是想通过逼自己一下来调动场上的速度，保持积极的心态。但到第三局，我彻底被搭档影响了，她完全不调动自己，也不去挣扎接球，消极应对比赛。

下来以后我很气愤，认为今天大家做得都很不好，也没有沟通，如果这是奥运会的比赛，出现了困难，无法执行战术的时候，精神上和状态上也应该先去拼，先去打出气势，不能服输，精神面貌不能差。仔细想想，我们并不是输在技战术上，是输给了自己，我们俩在情绪的控制、转换和调动上，做得都不够好。

教练分别找我们谈话。教练首先问我今天打得感觉如何，我说其实我下来挺沮丧的，也很失望，每次遇到困难，搭档都是这样的处理态度，没有沟通，没有大家团结一致地去解决问题，反而情绪消极也影响到了我，搭档总在想理由开脱，或者抱怨。我提出了拆开训练，力争去寻找信心和方法，各自调节和总结。教练告诉我说搭档昨天的混双打得也是这种状态，很消极不调动，教练也去开导了她，然后跟我说："奥运会快临近了，大家压力都很大，多相互理解。"但是在我看来，这都什么时候了，大家压力都很大，为什么心理承受能力还是不够强大呢？那要真的到了奥运会赛场上，出现问题了，难道就要放弃吗？对手不会同情你的沮丧，只会开心你紧张到发挥不出来，如果这样去打奥运会就太可惜了。今天只是训练课，出了问题，我们就应该积极地去面对和解决，按大赛标准来训练和比赛，才能更加接近实战。下一次的训练战术中，无论结果如何，都应该从头到尾带着压力去拼。

我下来后也没有跟搭档进行深度沟通，因为她的心里也很抵触。教练说需要更多时间去开导，希望我在这种情况下做好自己，带动她，顶起来。在下周的训练中，希望自己能够比今天在场上急躁时间更短，调节得更快，冷静得更快，主动去与同伴沟通。当然，首先要把自己做好，今天在场上没有跟同伴沟通，其实也是因为我自己的状态也不好，只想专注在自己身上，投入进去，先去拼，并没有分散太多精力去顾及同伴的情绪和想法，只能感觉到她很消极。

2021年5月26日，东京奥运倒计时60天

今天上午练了两段配合训练，第一段30分钟平抽结合攻守，

接着攻守10分钟三组共30分钟，第一段总共60分钟。第二段二防三30分钟，第三段多球训练。

昨天晚上又跟教练深度沟通了一下，也跟教练说了很多我的想法，对于我和搭档的现状，教练说我们两个的状态都很不好，他对我说因为我的搭档感觉我在责怪她，或者是对她不满，她希望我先做好我自己，不要把精力放在她身上。但是我跟教练说了，两人以上就是集体项目了，谁好或者不好，另外一个人也是感觉得出来的，我觉得她想得太多了，如果我没做好自己，我也不会在场上全力去拼每一球，去积极调动自己的状态，也没有在她失误、沮丧的时候去说她。反而是她，为什么在场上打球的时候还会有精力想同伴在责备她、怪她呢？我跟教练说，我状态也不好，但我想的是，怎么尽力去调动自己，怎么去集中精力投入训练和对付对手的出球中，根本就没有空去想着责备她或者说怪她。如果我真的有什么不满意的，觉得做错了的，我会像前两天一样直接跟教练说。

通过昨天和教练的谈话，我又仔细反思了一下，如果我让同伴感觉不舒服，那今天我就积极去调整，首先把自己做好、练好，练好自己想练的。然后再积极和同伴沟通，她失误了或者垂头丧气了，我会说“没事”，打得好会说“好球！”“漂亮！”其实我身体也很疲惫了，但还是希望能够多点方式去积极地传递正能量。既然同伴容易受我的影响，那就多肯定、多承担，在场上多努力去做好自己，减少失误，练到东西。

今天的身体状态比起上周会更容易感觉疲劳，腿也很沉，换了新的环境，还有一些客观的因素，在场上偶尔也会影响到注意力，但自己很快会调整过来。无论在什么条件下都有可能比赛，所以这些客观的因素就不要去放大，因为大家都一样要去面对，也许对手还不一定有自己适应得好呢，因此也不要太注意或者太纠结在一些会分散注意力的客观因素上，主要还是要去突破自己的身体极限、技术训练的极限。下午就是在突破极限，很累，但是希望自己从开始到最后都能坚持少失误，多坚持一分钟，明天就会多一点突破。

2021年5月28日，东京奥运倒计时58天

今天的训练量很大，这周主要上量。

上午第一段是配合训练，四个人轮换来配，赢了一局。跟搭档配合的时候气氛还是很凝重，感觉压力很大，而且配合也很混

乱，跑位重叠，失误多。换了搭档，反而轻松，打我搭档和另外一个人，赢了一局。会觉得只要把自己的东西做好就行，而且气氛很好，两个人会互动沟通。第二段练轮转进攻，训练目的是减少失误，能够打多拍，一个人在后场打十个来回轮转，换同伴继续，间歇一下再换位。有体力的时候我还能够保持速度一直杀，一直进攻，但是到了后面就会觉得出球很没目的性，只是为了练在练，搭档也只是为了不失误在训练，不是很实战。

第二段刚开始的时候精力有点集中不起来，会有点犯懒，但是思想上还是逼着自己动。昨天练完，今天屁股和大腿反应很大，网前球有点抢不上去。练防守还是会比较得心应手，最近防守的角度好了很多，但是在节奏上还是要多考虑，特别是练到后半段不动脚了，就会有失误或者出的球不合理。我们两个在比赛中很容易出现的问题就是，一旦脚下不积极了，就容易失误，所以在练特长的时候，即便反应很大，还是会去逼自己动起来。

第三段体能训练，昨天已经练了一次多球摸球训练，所以今天比昨天快了很多，但身体反应也大了很多，也会比昨天累得快，因此，下午训练教练推后了半个小时给我们休息。下午第一段两个人刚上去还是很沉重，也很沉闷，练的时候也很空，没有很去注意一个点。第二段个人能力训练，防守能力还是提高了很多，但是变速的能力还要提高，特别是反击得好的时候，还是容易犹豫一下慢半拍。再就是防守的时候出球太硬了，人的重心会上下上下地不太稳，这个在后面的训练还是要注意，练的时候要提醒自己核心要稳，打起多拍来核心不稳球就不实，节奏就打不出来。然后要学会前点化下来以后跟进，能够抢高点抢主动，这个意识还是慢了一点，连贯不够。

2021年5月29日，东京奥运倒计时57天

今天的训练以力量和小技术为主，今天来例假了，身体挺不舒服的，情绪也不高涨，而且很容易暴躁，很不想动，做什么都觉得没意思，很无趣，把自己要做什么都忘了，就想好好休息，但又不能完全放松下来。

2021年5月30日，东京奥运倒计时56天

今天没有参加训练，在旁边一直坐着，肚子疼，特别困，而且提不起精神来，感觉浑身不舒服，看什么都觉得没意思，没有干劲，治疗的时候还有点想家了。看其他人的训练，感觉大家好像都累了。在这边训练很容易就出很多汗，消耗很大，晚上睡得

也不是特别好，总是做梦，做噩梦，睡得也很浅，午觉又是昏昏欲睡。天气也是，每天下雨，非常潮湿，也会让人感觉犯懒，明天是这周最后一天的训练。

2021年6月3日，东京奥运倒计时51天

星期二、星期三和今天的训练都是以技术为主，上午两段技术训练结束以后多球训练，下午玩游戏调整。

昨天的训练还是挺好的，虽然状态上达不到最好的时候。机能测试出来，各项指标都偏低，也说明还没达到最好的状态。

昨天一个人练了80分钟，两个男孩陪的，速度很快，练了60分钟后精力体力下降，腿沉，跑不动，失误变多。跟搭档打了一段配合训练，相比上周，情况好转了很多，场上两个人都有调动，但是后面10分钟两个人的失误增多，习惯性出球多了以后，精力下降很快，也没有想着再顶一顶，失误就失误了，没有去想办法调整或者把节奏放慢，先减少失误让自己尽快调整。

第三段搭档不舒服，我练了多球，能够完成训练，但多拍后的精力下降特别快，还没有好的方法去应对或者调整，就又要马上投入下一个球，气下得很快，失误变多。

下午从起床开始明显感觉很累，头晕，睡不醒，很疲劳，教练给我们调整，量很小，主要是玩游戏。

这三天训练很踏实，都是以练个人能力为主。自己目的也很明确，多拍后的速度能跟上，减少失误，多进步一点点就好。

2021年6月7日，东京奥运倒计时47天

昨天下午打了一场对抗赛，60分钟，跟男孩打的，三局输两分。这次打得不是很好，特别是第一局，两个人进入状态都很慢，没能及时调整战术。第二局好了很多，但困难还是很多，两个人的失误都很多，我上午练完力量，下午上肢反应太大了，手都抬不起来，发球6个失误，控制不住，但是想法上一直让自己不要着急，想办法去调整战术、节奏。

打到第三局，我们找到了好的应对方法：先相持住，把要求放低，不用最好的状态衡量今天的速度力量，随时都多准备一拍。第三局的调动还是晚了点，下来以后跟同伴沟通，讨论说如果是奥运会我们应该怎么应对，肯定会有疲劳，身上有疼痛，怎么打两个球很快就了解自己的状况，从而来调整心态，调整技战术，精力都下降的时候，怎么执行我们两个人的战术，还有没有别的办法去执行。这些都要通过后面的训练，模拟困难，不断地

调整。

2021年6月8日，东京奥运倒计时46天

今天的训练以个人技术和身体训练为主，上午练力量量很大，手臂拉伤。下午第一段沙衣步伐，第二段战术进攻，第三段抗阻多球。下午的量特别大，因为手没法杀球，所以都是以脚下训练为主，手上的控制和落点会更加用心，脚下的速度比上周快了很多，挣扎能力有进步，多球打到后面有点没力了，精力有些散，完全在练能力。

2021年6月9日，东京奥运倒计时45天

今天下午主要以配合为主，因为肩伤，今天打的时候还是有顾虑，练了50分钟后，跟男孩打了5局发接发，虽然3比2赢了，但是今天的状态还是不太好，精力集中得不够。在场上失误很多，特别是接发球的失误，还有网口和封网的抢点不够，总在等球，瞄球，出手不够前不够快，上去撑不住，还是反应慢了些。

今天上网总是慢半拍，出的球也都很飘，球都在中间，没有拉开对方，也没有节奏的限制。防守出球的目的性不够，球都在往上走。防守是我的特长但也是最容易出问题的环节，防守其实

要求很高，我今天主要的问题是防守反击跟进不够，总是等球，慢半拍，而且没有目的性，所以总觉得连贯不起来。还是要提醒自己举拍，反击的时候拍子拿起来别看，跟进反击，抢点，点不好不硬推，还是要有多点变化。网口还要加强，今天基本都在网口。

2021年6月10日，东京奥运倒计时44天

今天的训练是去爬青城山，完成得都还不错。第二趟没有教练，也没有要求，大部分队员都在走，自己纠结了一会儿，觉得来都来了那就高质量地完成训练，还是对自己提出了时间要求。第二趟也没有超时，完成了，保质保量，会觉得练到的都是自己的。

其实看到别人偷懒，自己也会有想一下是不是自己也偷偷懒，但是想到如果是奥运会第三局了，我就差这么点速度和体能，到时候是不是会后悔呢，想着想着就会有紧迫感。

晚上回来以后，大家都在补缺，我在治疗，我心里很慌，觉得自己没有训练，会不会拉下进度，但身上的肌肉反应很大，如果不放松好，明天的训练质量肯定就没办法保证，内心总是会很

矛盾。

2021年6月15日，东京奥运倒计时39天

上周最后两天都是以战术为主，两天一场球，都没赢，我和搭档两个人又没有沟通了。下来以后教练说了她。

上周爬完山后开始发低烧，休息了半天，肩一直也没有好转，整个人都很低迷，而且感觉很疲惫，周一休息，出去跟朋友聊聊天感觉好了很多。上周的量还是很大的，练到后面都觉得练不动了，速度精力都跟不上，一直在失误，心情也很不好，感觉到成都以后就没怎么赢过球、赢过训练赛。

周末的比赛别人打得热火朝天，我们这边沉闷得很。教练下来也说了我，觉得我在场上有点憋，一点都没释放出来，调动不够。我回来以后也反思了好几天，想着第二天上去要先调动起来，不管身体状况如何，结果最后一天拆开配，打得也不好。力量训练的时候我直接爆发了，伤病、身体的反应都很痛，根本使不上劲儿，无力感，就喊出来了。

三周大运动量训练终于结束了，教练说不要把我们练得超负荷，自我感觉身上的疲惫还是有，但是训练状态比上周好了很

多。周末的机能监控显示上周我所有的指标都达到了最高，肌肉反应特别大，队医今天也跟我说了，上周在触底，这周可能能力上会有所提升，会上一个竞技水平，叮嘱我要时刻监控自身的疲劳度，避免受伤，注意休息。

早上睡觉的时候做梦，梦到输球了，主教练一直说我，我害怕面对他，就躲起来，想找到高的地方往下跳，边哭边跑，直到把自己哭醒了。昨晚睡了10个小时，是我这两周睡得最好的一天。

2021年6月16日，东京奥运倒计时38天

今天主要以个人技术为主，上午练完跟教练沟通了很久，觉得这周比较疲劳，肌肉要受伤了，场上的失误太多，而且自己控制不了，不知道自己应该怎么做才能不失误，就是说都不知道用什么方式去控制失误了，和教练沟通后决定：这周按我自己的想法先去练，看看能不能把状态调整出来。时间不多了，还是要顶住，每天都要熬住。

2021年6月17日，东京奥运倒计时37天

这几天都比较低迷，不知道自己练什么也不知道该练什么。晚上的比赛教练提了三个点，第一点是速度，第二点是要去进

攻，第三点始终保持精力集中。第一点和第二点完成得比较好，特别是在前两局精力、体力都充沛时，我能够一直保持进攻，而且速度比较快。第三局多拍过后我速度变慢了，有点跑不动，所以第三局里我积极地调动状态，想办法解决困难，虽然落后很多，但状态一直保持积极。最后的关键分，有两个节点没有处理好，18：21输球。

今天对手给我们制造了很多困难，多拍对抗也很多，所以到第三局时，我明显在速度和体力上都跟不上了。多拍过后的抽双压，动作会变大，累了以后手会甩，没有调整脚。进攻不好就急了，想一拍打死反而下网。没有想着要去注重每一拍的连贯，哪怕是到有绝对一拍的时候，也要想着下一拍的连贯，注重落点，注重速度，注重脚下的调整，而不是注重力量。要注意保持在自己的节奏里面，战术贯彻要坚决。

今天的防守站位还是靠后了，最近进攻练得多，防守上反而忽略了。进攻很重要，但我们的特长并不是单纯进攻，进攻如果不强硬，会更加浪费体力、耗费精力，还是要把防守做好。

2021年6月18日，东京奥运倒计时36天

今天练了两段个人技术，相比起昨天，情绪要好了很多，虽

然在场上失误还是不少，手感差，但在精神方面会比昨天好一点。不过到了训练的最后几分钟，还是会有一些觉得自己练什么都练不好，很不自信的想法。练不好的时候，就不想练了，练也练不进去，而且还会带来不好的感觉。但在旁边坐一会儿后，又会觉得都已经练了这么长时间了，那还是把最后几分钟练完吧！

第一轮训练结束以后教练让我们去练练力量，我的体能和力量训练还是比较好的，有自己的想法，也比较简单。我的压力主要是技术和战术方面的，失误一多压力就很大，就不知道自己要怎么去练，怎么去打，怎么才能练好，怎么才能不失误，我的特点是什么，我练这一段到底是干嘛的。就觉得自己什么都在练，什么都不突出，看不到效果，也不知道在坚持什么，熬什么，心累。

2021年6月22日，东京奥运倒计时32天

今天以基本技术为主，量不大。下半周要三天打战术，模拟奥运会的所有比赛细节，坐车坐一个小时，没有队医，打完比赛自己算好时间回来，把所有困难准备做足。

前几天练的固定线路，防守进攻，今天结合跑动，失误少了很多。特别累的时候，更要特别注意动作，包括脚下的发力和核心的稳定。

2021年6月23日，东京奥运倒计时31天

明天要去适应场地了，今天练完了晚上要开始看录像。想想第一场比赛对手的优缺点，分析对手的出球习惯，总结自己最近练好的和还没练好的，在场上怎么去组织战术。总之调整状态，组织调动，在脑海里模拟奥运会场景。

2021年6月28日，东京奥运倒计时26天

三天的模拟赛结束了。

第一天的比赛很快就输了，我完全不在状态，特别是第二局，直接崩溃，没有任何办法。下场后又被别人说了几句，影响到了我，也打击到了我，我整个人都崩溃了。被说“不珍惜，比赛打的什么东西，全是失误，打都打不起来”，并不是教练都对你说出很伤人的话。可能还是我自己内心不够强大，听完这些话后，我第一时间就是想逃走，想自己一个人冷静一段时间，好好想想。教练、队友都在找我，我把手机关机了，我觉得很吵，没办法听到自己内心的声音，无限循环地怀疑自己，觉得自己真的就是这么差，打什么都不会，第一次上场就打成这样，越想越崩溃。明知道他们说的都是对的，但就是句句戳心窝。回来以后，

教练找我谈话了很久，希望我内心强大点，有信心点，坚强点，不要退缩，不要放弃。其实这些我都明白，只是觉得很累，太多人跟我说了，我就想自己安静一会儿，找到专注的感觉。

开始第二天的比赛了，我对自己只有一个要求，就是专注，不去管任何人，不要有任何杂念，不随意，精力集中。比赛一开始都很好，但到关键分时我还是突然感到害怕，不像之前勇敢，出球也是特别犹豫、不果断。虽然比赛赢下来了，但其实过程很艰难，总是领先很多又出现起伏，出现失误，有的是主动失误，有的是思想随意的失误，有的是出球不合理的失误，导致加分才赢下比赛。自己正常的时候都很好，就是到了关键分，会感到虚，还是自己不自信，不坚定，心理不够强大。

第三天的比赛比前两天发挥都要好很多，但出现失误的时候还是会有点泄气，懊恼不应该失误的，比分也很胶着，到关键分时对方也很紧张，但我们主动失误、主动犯错在先，丢失了机会，输掉了比赛。整场比赛自己开头进入状态慢，中段还可以，最后关键分不够果断坚定，气还是不足。

三天比赛下来，起伏还是很大的。从第一天结束后的崩溃，情绪受别人影响，对自己产生怀疑，没有集中精力在球上，不专注。到第二天的慢慢调整，但在过程中还是会怀疑自己。第三天逐步进入状态，拼出来了，但是状态出晚了。后面的训练要更加专注更加坚定才行。

茵晖羽记28

2021年8月5日
东京奥运会比赛总结

我的东京奥运之旅结束了，这是自己的第一次奥运会。

比起往届，这次奥运会显得非常特别且特殊。受全球新冠肺

炎疫情的影响，原定于2020年7月开始的奥运会，整整推迟了一年，因此运动员也拥有了史上第一次长达五年的奥运备战周期。中国队在疫情期间一年半的时间未有任何比赛，就是在这样严峻的形势下，我随队踏上了我的第一次奥运征途。

其实疫情的影响对全世界的运动员都是一样的，大家都在摸索和探寻如何调整出最佳状态，对于我来说，敢于面对未知的困难和挑战，这样的经历或许是更为宝贵的，也是收获最多，最能成长的。回顾这长达一年半的备战，有过明确的目标，也有详细的计划，但也有超出设想状况外的事情发生，由于自己内心不够强大有过挣扎的阶段，甚至想过要放弃，但自己也都积极地想办法调整了当时的状态，在陷入自我怀疑时教练也及时地给自己建立信心，树立目标，就这样在备战的过程中我慢慢地学会了与自己和解。

一、赛前备战不足的地方

1. 遇到困难时情绪的控制和自我调整能力不足

自身最大的问题还是在遇到困难的时候情绪容易波动。自我感觉内心还是不够强大，顾及太多，顾虑太多，影响自己的专注度。遇到困难自己解决不了，包括长时间的训练有一些伤病的时候，自己都容易着急，有时候过于强调更容易让自己陷进去，情绪低落。相反，对究竟怎么去有效训练，怎么提高训练效率思考得不够，这个问题在备战期间一直反复出现。

其实，每一个运动员都不可能是舒舒服服地去训练的，都有各自各种各样的困难。自己要能够接受和敢于面对，自我消化和调整能力还要加强。

2. 场上的稳定性和调动的把控能力不够

场上的稳定性，这个也跟情绪有关。通过备战期间的比赛，能够看到自己的进步，出球的稳定性、合理性，相比较之前还是有很大突破，但是要时刻提醒自己，这是自己要一直去解决的问题，一直去改进的地方。

3. 有效表达和有效沟通的能力还需进一步提升

这个方面是自己在整个备战中暴露出的问题，也是需要不断调整和不断学习的。与教练的有效沟通能够提高训练效率，通过沟通了解教练的训练意图，使自己的理解与教练的意图同步，不盲目训练，少走弯路，知道教练的训练目的是什么，自己要怎么去执行。对教练的训练意图有疑惑和不解的时候，就先去做，少说。同时也要清楚地表达自己的想法。

跟同伴的沟通，先听先想先看，怎么去完善自己，怎么和搭档配合好，怎么能够看到成效。表达也是一种能力，这个方面自己还是有很多不足的地方。

4. 技战术方面，多拍能力有所下滑

技战术方面，训练中怎么去练多拍的相持能力，通过什么方式来保持多拍训练，同时能兼顾多拍耐心，这样进一步强化自身不足，提高全面性。多拍的相持能力其实是我们的优势，但目前多拍训练还是不够的。

5. 自我有氧训练的强度不够

体能方面一直自己都是能力打底，这是自己的优势。但如何一直保持自身的这个能力，减少疲劳性的伤病，一直保持一个好的身体状态，能够通过体能训练提高场上的技战术，这方面的自我要求还要提高。

有氧训练明显做得还不够多，特别是对我而言，有氧能力比其他能力薄弱，更需要加强自我有氧训练。有氧训练也是对身体机能的恢复，自己的肌肉类型也是属于恢复比较慢的，所以第二天的训练能不能保持，有氧训练起到很大的作用，这方面的自我要求还要提高。

8进4，我们输掉了，也完成了我们的奥运使命，虽有憾亦无悔

二、赛前备战进步的地方

1.在训练与生活中的情绪控制有很大的进步

情绪问题用最快的时间去调整，用积极的想法去思考、去解决问题，遇事不慌先思考，保持冷静，培养自己解决问题能力和积极的态度，不再一味地急躁和陷入怀疑，正视问题也不逃避问题。

2.在长时间的训练和生活中，不怕主动沟通和表达，多请教多反思。

一开始不容易做到一下子能够接受，不断地让自己做，还是看到了自己的变化，但在表情和态度上还需要做更多的调整。

3.战术上的全面性、中前场能力得以提高

自己的打法有了新的突破，以前更多的是负责后场进攻，前半场这块会被自己忽视。在这一年的时间里，通过训练、看录像和总结，在打法上我也有了前半场封网和组织得分的能力。平时的训练，我着重加强了封网的落点、连贯、线路训练，网前的抓球能力有了很大的提升。几次对抗赛中，可以明显地看出我的网前得分效率提高了，抓机会的能力强了，网前更加清晰，洞察能力有更多的提高。

4.通过力量训练和技术训练，攻防实力得以提高

攻防实力的提高对我最大的改变就是后场出球的合理性更强了，后场控制进攻，失误就少了。以前我后场进攻的节奏不合理，中场攻转防的处理太随意，很容易就让己方陷入被动。现在在进攻后的处理上，特别是进攻被破坏后处理的球相对之前合理性更好，特别注意这个细节以后，就有更多回合的攻防转换，能够相持住。这个进步归功于教练每天不断地要求，不断地提醒，

也归功于自己通过节奏把控，时刻提醒自己耐心。

5. 备战期间一直保持系统训练

虽然状态上一直有起伏，但我没有停下来，会一直保持训练，状态不好的时候也能坚持训练。调整自己的心态，尝试跟自身的困境共存，把每一天的训练任务先去完成好、总结好，这对我个人的思想和意志品质又是一个突破。在后面，我还要去寻找更多的方法，合理有效地提高训练效率，把时间都利用起来。

三、参赛期间表现好的地方

1. 赛前终于跨过心态关，焦虑和压力得到释放

出发东京前其实个人而言心理负担还是很大的，心情很忐忑，特别是焦虑感和莫名的压力影响了自己出发前的状态。但是到达东京以后，虽然进奥运村的路途很艰辛，有着诸多困难，但我的内心却一直保持着兴奋积极的状态，作为奥运会的新人我对一切事物都充满了新鲜与好奇。

我的心态也慢慢发生了很大的转变，开始潜意识里为自己打气，在心里告诉自己赛前不好的状态，其实都是为了比赛能够更

好地爆发。在比赛中，无论遇到什么困难都在调整自己，紧张的时候努力调动自己，有决心去跟对手拼到最后一刻，绝不放弃。输球并不可怕，不能输掉精神和意志力，哪怕对手发挥得再好，我也要跟她拼，让她脱一层皮，让她知道想赢我没那么容易。总之，是把所有的困难做到了最足，心态是做得很好的。

2.技战术的突破，关键分敢于果断处理

在8进4的比赛中，我的技战术的转换和运用有了提高，在大赛中敢于及时调整，比赛中的阅读能力有了提高。以前的比赛，我们最不好的地方就是在技战术受到限制时，转变得太慢，往往要一局或半局，才能转变战术，调整自己。

在8进4中，我们开局战术执行得不错，打得也很清晰，调动对方，教练给出的战术自己在场上很快能够理解并且作出调整，丢分后马上能够拿回来。

8进4的第二局，自己在关键分的时候，敢于反击，抢住中前场，处理得很果断，没有犹豫，特别是在之前自己的薄弱环节——网口，自己也是执行得很坚决。以前的比赛，更多的是同伴抢我在后场，双压轮转更多。但在第二局取胜的那一段，我上去抢，创造进攻机会，我们打攻封配合，这并不是我们主要的特点，但在关键分上我们能够打出来说明我们的战术运用上又多了一种。比赛相持有防守反击，也有调动底线打拉开，后攻前封现在也能够在关键分中制胜，还是有很大突破的。当然，对手也做足了准备，她们知道我们的薄弱环节，知道我们的战术意图，也在与我们周旋，想办法去限制我们。

四、参赛期间发现的问题

1. 比赛中的主动失误偏多

奥运会我总共打了4场比赛，通过4场比赛的录像总结和分析，我感觉自己的主动失误还是多了。特别是对战韩国和印尼队时，自己简单的球反而失误，特别是吊球和封网失误较多，我想主要原因还是在面对机会时，不够平常心对待，对自己的要求变高了，心里手上没有连贯了，容易出现阶段性的状态起伏，着急的时候节奏把控不好，脚上移动还没到位就出手。

以上问题都是细节，都是应该在训练中去注意的小习惯。如果平时训练不注意，没有实质性的改进，这些问题在赛场上就会体现出来并被无限放大。虽然这一块自己一直在改，但是做得还不够。

另外，心态要放平，失误后的情绪起伏和面部变化还是太大。

2.场上的耐心还不够，亢奋需适度

比赛的耐心问题，每一次比赛都会提出来。8进4的比赛中，对手的准备比我们更加耐心、更加充足，当对手的状态和准备跟自己的设想有差异时，自己明显场上的耐心不够。

这也导致我们比赛吃了亏，遗憾地止步于8进4。第三局开局，我的选择上还是不对，开局我精力下降了，但我还是想去调动自己。现在复盘的话，我觉得自己应该保持冷静，耐心地寻找机会，先跟对方熬，其实对方当时也没有别的办法来对付我们了，这个时候我们更要沉住气，待精力恢复后再调动。

还有一个地方自己做得也是不够好，那就是我能够很好地打出气势，但是有时候亢奋收不住。高水平运动员在场上，应该是能够充分地调动自己的情绪，但兴奋过后又能够马上保持冷静，沉下心来耐心打好，这个方面的把控，我还需要再磨炼。通过大赛，锻炼自己的耐心，遇到困难解决困难，遇到不顺时也去耐心周旋。

五、赛后的体会和感受

随着8进4的最后一分停留在17：21，这长达5年的奥运备战和我的第一次奥运征途也画上了句号，我流下了泪水，记得上一次在赛场上挥洒泪水是2019年的世锦赛8进4，不同的是这一次没能是一个满意的结局。

同时，比赛的全力以赴，不留余地地拼尽全力，让我的第一次奥运之旅并不后悔。从赛前的害怕、怀疑到赛中的坚定、赛后的无悔，一路走来，都特别感谢感恩我的搭档、教练和领导。在我最困难、最难熬的时候，是你们耐心开导和陪伴在我身边，我

努力过、拼搏过，我们就不后悔，为自己点赞

们一直共同努力，都在全力以赴地为我们共同的目标寻找解决困难的方法，凝聚在一起克服困难。在我最不好、最焦虑、最没有信心的时候，谢谢陶导对我耐心的疏导，谢谢军导给我信心，给予我充足的信任，才能有我奥运会时的好发挥。

这一次，我真正意义上亲身感受到了什么是奥林匹克精神，我从心里佩服我的对手，她们的坚持让我看到了，我这才哪到哪，自己还年轻不去坚持，不去义无反顾，怎么知道自己的竭尽全力换来了这么多的珍贵收获呢？从赛场上走下来到采访区时，心中难受的不甘，遗憾的是那团火，是自己做梦都在梦到中国队会师决赛，是长达9年的等待。

在输的那一刻，自己失去了能够站在领奖台上奏响国歌，回报一路为我们辛苦付出的教练、工作人员和一起拼搏的伙伴的机会。但心里这团火并没有被一场失利而浇灭，反而让我更加平静、更加坚定，让我更加强大，勇敢地正视自己的问题，并在今后的日子里，从一点一滴的事情去积累能量。这团火是希望的火、传承的火，让我深刻地认识到肩上的责任和担当。

能够站在奥运的舞台就已经是来之不易的经历，还有那么多的人拼尽全力却没能拿到入场券，虽然我的比赛结束了，但在后面的每一天里，一样尽全力地去为中国队加油。奥运会的神圣，是一种精神，这种纯粹渴望的精神，在我们每一位奥运健儿上都能看到，有的成功了，有的失败了，但这不是终点而是开始。年轻的我们在赛场上敢于拼搏冲劲十足，而更让我感动的是老将的坚持，致敬老将，他们的专注和执着，对自己所做之事的那份极致的热爱，是一种信仰，一种信念，它教会了我成长，也终其一生伴随着我。无私奉献自我给热爱的事业的龙哥、波莉、马龙等等顶尖的运动员，我从他们身上学习到了很多。这就是榜样的力量吧，他们眼中坚定又纯粹的渴望，是多少年甚至是多少个10年换来的，也是这份坚定不移的执着，让我知道了坚持的可贵，以后的日子里遇到任何的困难，都不会轻言放弃。希望在接下来的训练和生活中，能够带着自己所学、所看、所经历的继续前行。奥林匹克的精神会一直鼓舞着我，在今后的日子里更加努力，树立榜样坚定信念，为三年后的巴黎奥运会保持心中那团火，砥砺前行，不忘初心！

助力家乡：湖北女队时隔46年重夺全运会女团冠军

湖北省羽毛球队女队获第十四届全运会女团冠军

2021年9月15日，第十四届全运会在西安开幕，我作为湖北省羽毛球队的队员，参加了羽毛球女子团体比赛及女双比赛，这是我的第三届全运会。历经12年岁月洗礼，我从那个懵懵懂懂、球技一般，只当跟着队伍来开阔眼界的小朋友变成了现今队里名副其实的老队员。

湖北是羽毛球强省，为国家队输送了很多优秀的运动员，如高凌姐、赵芸蕾姐，现在的湖北女队也是人才济济，我、杜玥、李汶妹、郑雨、王祉怡都是国家队的选手，队内年轻的小将如戴望、阮欣悦、赵梦醒等也都是同龄人中的佼佼者。我们的实力在4月份的全运资格赛暨2021年全国羽毛球冠军赛上就可见一斑了，当时湖北女队全程未失一局，过五关斩六将，时隔25年为湖北队夺得此项冠军。因而此次全运会，我们的目标非常明确，那就是要在时隔46年之后为湖北女队重夺全运会女团冠军！

现在的我已经是队里的大姐姐了

作为一名老队员，无论如何，我都要自觉地承担起一名老队员的责任，带领小队员们去冲击冠军。经过奥运会的历练，我对自己的实力还是有信心的，稍显担心的是本届全运会和东京奥运会无缝衔接，打完奥运会后，我们就马不停蹄地归国回到省队，隔离结束就奔赴西安。奥运会的参赛经历对于全运会可以说是一把双刃剑，一方面，经过奥运会这样的世界顶级赛事的淬炼，我的心态变得更加沉稳，不像以往那么急躁了；另一方面，刚打完奥运会，精力、体能、竞技状态还处于一个疲惫期，这对全运会的备战是不利的。

都说乒乓球、跳水这些项目打全运会比奥运会还难，因为对手全是世界冠军。其实，羽毛球也是，全运会是高手荟萃的赛场，汇集了全国各个省市最优秀的羽毛球运动员。福建队拥有东京奥运混双冠军黄东萍，浙江队由东京奥运会女单冠军陈雨菲、混双长期位居世界第一的黄雅琼领衔，上届全运会冠军江苏队则是有何冰娇、高昉洁、汤金华等名将。这些都是传统强队，都是我们不容小觑的对手。何况，即便是面对年轻、尚未成名的选手，掉以轻心的结果也只能是栽个大跟头，在羽毛球赛场上从来就不缺少名将在初出茅庐的黑马的猛烈攻势下折戟沉沙的故事。因此，对于每一场比赛，我们都是认真对待，分析对手的打法，根据对手的特点制订技战术。每一场比赛的排兵布阵也都是教练和运动员们反复商讨的结果……好在，上天没有辜负我们的这份认真和执着。

比赛开始后，凭借着良好的实力、扎实的训练和合理的比赛策略，我们连下好几城。半决赛中我们以3：0的大比分优势战胜老对手福建队，顺利挺进决赛，离冠军的梦想进了一步。

决赛，我们遭遇了上届全运会冠军江苏队。

第一场由我们队的小将戴望对阵江苏队选手高昉洁。高昉洁是国家队选手，2017年中国公开赛上击败里约奥运会冠军马林，一举成名。相较而言，戴望过往的成绩就逊色多了，但最终我们的小将顶住了压力，在首局失利的情况下逆转获胜，为我们拼下宝贵的一分。

第二场由我和杜玥对阵对方的女双组合汤金华、夏玉婷，我和杜玥一如既往地配合默契，虽然有少数几个失误，但始终把控着比赛的节奏，以21：13、21：12的大比分优势拿下第二局。后来偶然间看到了央视对这场比赛的转播，解说员在我们的比赛开始前说了一句:“随着第一局单打的胜利，胜利的天平已经开始向湖北队倾斜了。”这当然是对我和杜玥以及后来要上场的其他队友实力的肯定。对当时的我来说，天平是否真的倾斜了我不好说，但有了第一场单打的胜利，更加激发了我夺冠的信心倒是真的。在随后的第三局比赛中，随着我们队的王祉怡2：1战胜江苏队的惠夕蕊，我们最终以3：0的大比分战胜了江苏队，获得了此次全运会女团的金牌！这是时隔46年后，湖北女队再次获得全运会冠军。

领奖台上欢天喜地，这是时隔差不多半个世纪后，湖北女队的再次夺冠

在颁奖仪式现场，我和队友们手拉着手接受金牌的加冕，这真是一件快乐的事。颁奖结束后，我们在一起拍了好多张照片，大家都露出了发自内心的笑容。我觉得这就是团体比赛的魅力，胜利是大家一起努力拼搏得来的。在场下我们给队友加油打气，在场上你也知道自己不是一个人。就算队友不小心失利了，你也会拍拍她的肩膀说：“没事，还有我呢！”同样如果你失利了，你也知道只要还有队友上场就还有希望。无论胜利还是失败都是大家一起面对，拧成一股绳的样子永远是最迷人的。

在入住全运村之前，我给自己定下了两个小目标。一是努力给小队员们做好表率，二是尽全力不让湖北队因我的失利陷入被动局面。回顾整段西安全运之旅，我觉得我达到了我的目标。在赛场上，我发挥出了应有的水准，顺利赢下了一场场比赛，在小队员遇到困难时，积极想点子、出建议，努力维持队伍的士气……我想我这个姐姐，应该没有让我的小队员们失望吧？

在整个职业生涯里，如果让我选出几枚最具意义的金牌，这枚全运会的女团金牌一定在列。因为这是代表湖北获得的，这是一个武汉伢对生她养她的家乡最好的回报。

因为几年前患上肺炎留下的旧疾，在高强度的训练、比赛过后，我常常持续低烧。加之原有的遗传性心跳过缓问题，我的机能恢复总是比别人慢上好几拍，严重影响了正常比赛、训练。但由于害怕在兴奋剂检查中出现差错，我始终没有办法服用药物通过常规治疗方式解决这个问题。经过权衡，2022年1月份，我决定暂时离开国家队，给自己充分的时间调养身体。但我会停下自己的脚步吗？或许不会，或许在2025年的全运会上，我还是会代表湖北出战，战胜自己，便是最大的胜利。

JIANREN DE
LILIANG

我的力量之源

感恩祖国，是祖国培养了我；感恩国家队， 8 年国家队时光，训练比赛是主旋律，温暖长伴。

感恩教练、队友、父母，在我最不好、 最焦虑、最没有信心的时候，是你们疏导我，给我信心，给予我充足的信任。感激杜玥、楠哥、东萍，你们是我并肩作战的队友，参与了我的生命，也带给我不一样的训练经验和人生经历。

祖国：永远的荣耀

第一次身披中国队战袍是2013年，那时的我随队参加在马来西亚举办的亚洲青年羽毛球锦标赛。这是我第一次出国，也是我第一次代表中国队征战。从在北京集训开始，我就掩盖不住激动的心情，拿到护照的时候也是新奇不已。

五星红旗，最美的国旗

这次比赛，中国队最终获得团体冠军，我没能上场，但作为中国队的一员为团队呐喊助威，做好后勤服务工作也让我很开心。团体赛结束后，我打了女双比赛，第一轮的对手来自日本，虽然很紧张但还是拿下了这场比赛，这是我在国际赛场的首秀，也是我的首场国际赛的胜利，后来我们输给了韩国队，止步8强，这是我第一次代表祖国出国征战。这次亚青赛对于我来说，最大的意义就是让我有了想要更加努力在国际赛场上为祖国赢得荣誉的信念，这是比赢得比赛更为重要的。

这些年我去过许多国家和地区参加比赛，日本、韩国以及东南亚、欧洲、南美洲，都曾经有我在球场上奋力拼杀的身影。但走的地方越多，就越发觉得我们的祖国才是最亲切、最温暖的地方。

我们国家是真心对运动员好，这一点从2008年、2022年两届奥运会上外国选手对中国比赛场地、服务质量的交口称赞就可以看出来。2021年奥运会和全运会接连进行，也给了我很强的这种体验。东京奥运村的设施比较简陋，所供应的食物也没有那么丰富；回国之后入住西安全运村则是一番完全不同的体验。村内房间简洁、大方、舒适，餐厅从早上6：00到晚上24：00全天候供应各类食品，涵盖八大菜系各种佳肴，配套设施一应俱全……让所有人都感受到了宾至如归的舒适感。这样优质的环境，让我们更加心无旁骛地备战比赛。

2020年新冠肺炎疫情全球肆虐，4月我们打完全英公开赛后，滞留在了英国。当时国内疫情防控非常严格，北京、武汉都还严防死守在疫情的第一线，而英国也暴发了疫情。为了我们能够安全回国，国内相关职能部门做了大量的组织协调工作，当祖国的飞机降落在英国机场时，我深刻地感受到在我们运动员的背后，是强大的祖国在默默支持，祖国的怀抱是如此宽厚和温暖。在我们离开英国的第二天，英国宣布全境封锁。回国后，国家也没有把从英国返回的我们视作洪水猛兽，而是尽全力给我们最好的照顾。从隔离酒店到日常饮食、健康检测，各种手续流程都有人帮我们安排好。

祖国，我们最大的靠山

在国际比赛中，我们也常常会碰见一些单飞的选手。他们没有国家的支持，比赛时就自己和教练这么三两个人。从比赛报名、购买机票到预订酒店，一切都要自己操心。但我们就不用操心这些事，团队会帮我们把这些问题都解决好，只需要我们专注于训练和比赛。这些都让我觉得身为一名中国羽毛球运动员的满满幸福。

我骄傲，我是中国的羽毛球运动员

从2013年入选国青队至今，我跟随着队伍到世界各地征战，见识了全球各地的风土民情，这种幸福感也越来越强烈。

记得有一年在秘鲁比赛，无意间经过了当地的贫民窟。他们用铁皮围成的房子似乎风一吹就会倒，大部分人都衣衫褴褛，还有许多人直接睡在马路上……后来在印度，我再次见到了这样震撼的场景，我觉得我一辈子都不会忘记这些画面。体育运动的发展需要大量资金的支持，犹记得小时候在课本上读过中国第一位奥运选手刘长春的故事。在国力衰微、战火纷飞的年代，他乘坐了近一个月的轮船抵达洛杉矶参加奥运会，但终究是因为舟车劳顿、装备不佳等原因折戟而归。而今自己在国外见到了那些经济发展水平较落后国家的人们的生存现状，让我越发明白了，生活在人民生活水平不断提高的中国，做一个自由追逐梦想的运动员是一件多么幸福的事。

我的微信昵称中有一面五星红旗和一支羽毛球拍。之所以将昵称设置成这样，是因为我觉得这两样正是构成如今的李茵晖最重要的两个符号。我是中国羽毛球运动员李茵晖，我的一切成就都与中国人这个与生俱来的身份息息相关。

因为有国家，我才能在岁月静好中安心提升自己的羽毛球实力；是服务于祖国体育事业的教练员教会我打球，教给我做人的道理；因为同样有为祖国争得荣誉的梦想，所以我和队友团结一致，奋勇拼搏……正是祖国的栽培，成就了今日的我，对此我无比感激。

2013年7月
亚洲青年锦标赛比赛总结（马来西亚）

2013年7月7日至7月14日为期八天的亚洲青年锦标赛在马来

西亚沙巴市落下帷幕。这是自己第一次出国，也是第一次代表中国队出战。

赛前训练，感觉自己付出了汗水，也付出了泪水。训练中遇到了瓶颈，完不成自己想要的要求，自己就会着急，打不好就把问题放大，情绪低落，认为自己怎么也做不到。虽然教练不断地提醒要相信自己，但我听不进去。随着时间的推移，在教练耐心的指点下，我积极地调整自己，尽自己最大的努力完成好每天的训练。慢慢地，瓶颈攻破了，心态也有了好转。赛前训练我们还模拟了在比赛中可能会遇到的困难，从心理上、心态上对比赛会面临的困难做好了充分的准备。

先开战的是团体赛，团体赛是中国队的荣誉之战。虽然未能上场，但作为中国队的一员为团队呐喊助威，做后勤服务工作也让我得到了很好的锻炼。记录每一场对手的打法特点，分析下一场中国队的对手，这些工作都是我从未做过的，为团队出一份微薄之力的同时也学到了很多东西。在教练的带领下，我们分工明确，团结一致，拿下了一场场比赛，中国队获得了冠军。这让我深刻地体会到了团队的力量。

单项赛，到了该爆发自己小宇宙的时候了。

第一轮的对手是日本队，日本队是强队，自己又是第一次打这种国际比赛。上场前我活动很充分，也思考过第一场比赛可能会遇到的困难，但真站到场上难免还是有些紧张，自己的失误很多，脑袋里的线路也不够清晰。第一局开局就落后，但自己倒也没那么着急，心里明白自己第一场球肯定会手紧，上了场也没有压抑自己，开始吼叫，就像教练再三跟我们强调的，气势不能输。开局间歇过后，教练的指导加上与同伴的沟通，我们逐渐摸清了对手的底细，第一局的比分一直交替上升，很激烈，打到22：20才拿下来。能拿下第一局，主要还是关键分时，自己冷静了下来，先保证不失误，相持，等到出机会了再打死。关键分推压分边形成双压，等到对方冒头了，抓住机会全力进攻。拿下第一局后，第二局头脑清晰了很多，场上不像第一局那么慌乱了，找到了比赛的节奏和状态，顺利拿下了第二局，这是自己国际比赛的首场胜利。

八进四，我们的对手是韩国队的二号种子，上场前并没有想很多，就是想全力以赴地去拼她们，就算赢不了也不让她们舒服。上场后想赢的心扑通扑通，第一局也是非常激烈，可我们关键分打保守了，加上对方有了变化后，自己出了错先失误。第二局也一直落后，但一直告诉自己不能放弃，每一分都要竭尽全力，最后结果并不理想，输了。

这场球下来后我认真地回顾了很多次，对手的打法和我们其实是一样的，但无论是轮转，相持前半场不起球、防守的变化、手上的停顿、进攻的线路、配合封网，这些技术对手都比我们要好要熟练。关键分上，对手的经验，对手的胆大心细，对手的稳得住阵脚，对手的时刻准备多一拍，很多细节做得都比我们要

好，值得我们学习。

她们的优势就是我们的不足。今后的训练中，多加强中半场的连贯，连续控制，打完后不能停，时刻连贯多一拍。不能在中半场这一块占据主动了，反而自己不会打了，这次比赛我们在这一块的失误率较高，今后要多模拟这种打法的出球，加强稳定性和多变化，再遇到这样的对手就不会不知道如何去出球了。

这次比赛最大的收获就是有了大赛经验的积累，了解了更多外国选手的打法。没有了原来比赛中的浮躁，面对压力时也能控制住自己烦躁的情绪，知道如何调整自己，这是自己进步最大的地方。回来后训练的目的更加明确：加强特点，熟练打法，稳定技术，减少主动失误。

为国家出力是我一直的梦想，谢谢国家队给了我们这么好的机会，如今迈出了人生的第一次，虽然未能获得冠军，但回来后我会加倍努力，更加坚定地朝着冠军的目标努力。也谢谢教练，在训练、比赛、生活中对我这个菜鸟的提点和无微不至的关照。

国家队：青春绽放的舞台

我是2016年1月进的国家队，2021年1月因为身体原因，退出了国家队。算上国青队的3年，我在国家队总共待了8年。

奥林匹克是我们的梦想

胜利是我们永远的追求

在国家队，运动员的职业就是打比赛夺冠军，为国争光，因此每天生活的主旋律就是训练。每天早上6:00出操，7:00吃饭，8:30训练，12:00结束，下午午睡到3:00，准时开始训练，一直到6:00，晚上7:00到9:00补缺，天天如此。但训练也没有想象中的艰苦，我们乐在其中，因为身为国家队队员，大家心中都有自己的梦想和追求，那就是为了一场场比赛的胜利，必须时时刻刻地训练，丝毫不能懈怠。

国家队就是一个大家庭，教练是我们的父母，队友就是我们的兄弟姐妹。教练对每个人都照顾有加，教我们球技，教我们做人做

在国家队，我们就是教练的孩子

事，教我们树立正确的三观。兄弟姐妹在一起互相照顾、共同进步。国家队的队员都是很小就出去独立生活，出去打比赛面对的也都是陌生的环境，久而久之，我们比同龄人都更加独立和成熟。小时候，比赛输了我们也会哭鼻子，教练会安慰我们，更会毫不留情地指出我们技战术方面的问题。随着年龄的增长，比赛的增加，也会认识到自己的不足，认识到只有不断接受自己的失败，输得起，才能进步，放得下，才能成长，这样就会更加努力地训练，让自己强大起来。

在国家队，吃饭是我每天都很开心的事情

如果你现在问我最想念国家队的什么，那其中肯定少不了的是国家队的食堂。以前在省队的时候，已经觉得省队食堂很不错了，到国家队之后，才发现山外有山，食堂外有更好吃的食堂，师傅做的牛排、羊蝎子、三文鱼……都是我的最爱。当时潘导会检查运动员们吃得营养均不均衡，每次看我和凡姐最能吃，最不用操心我俩会缺营养，但我俩体重也是相当“有水平的”，潘导就会让我俩少吃点。

在国家队里，和我搭档时间最长的就是杜玥了，我们两个从小就认识，从少年队到国家队，一起经历训练的苦，一起哭，一起笑，一起受罚，一起领奖，一路走来，有开心，有感动，有时也会有矛盾，我们在彼此的青春里都是不可磨灭的存在。

国家队里，我和杜玥彼此陪伴的青春

我的8年国家队时光，有志同道合的朋友，有指引前进的偶像，有慈祥又严厉的教练。虽然为了比赛时常在各地奔波，但好在温暖长伴我左右。

花样年华在国家队度过

这8年中，在中国羽毛球队这个大集体里，我获得了一次又一次比赛的胜利，也多次代表中国获得国际大赛的冠军。从2014年世青赛混合团体冠军，2015年亚青赛混合团体冠军、女双冠军，2015年世青赛混合团体冠军，2016年马来西亚大师赛混双冠军，2016年澳门羽毛球黄金大奖赛混双冠军，2017年世锦赛混双铜牌，2019年世锦赛女双铜牌，2019年军运会女双金牌……2019年5月的苏迪曼杯，我和队友圆梦南宁，成了真正意义上的羽毛球世界冠军。

8年的国家队生涯是我成长最快的8年，不仅收获了世界冠军，习得了一手球技，更是时刻感受到了作为中国青年一代的责任与担当、理想与信念，这些指引着我未来前进的方向。

国家队在韶山

父母：让我明白了“坚持”的意义

在我爸爸妈妈的身上，我一直有看到坚持的光辉。

爸爸是足球教练，小时候，他跟我待在一起的时间非常少，当时我就非常不理解为什么爸爸星期一到星期六都不在家，为什么我

爸爸曾经带领湖北队冲A成功

的爸爸这么不关心我，总是不回家看我，为此我还很难过，以为爸爸是嫌我丑，才经常不回家的。稍微大一些后，我才明白，原来爸爸一直待在队伍里，是在坚持他的足球事业。

相比爸爸，我跟妈妈待在一起的时间会比较长。妈妈是一名老师，上班期间，她全年无休，不迟到不早退，她从来不会因为家里有什么事情而请假，哪怕我到了放学时间，哪怕我生病发烧，她都要把学校的事情处理完了之后才会过来接我，照顾我。她始终坚守着自己的工作岗位，从一开始的体育老师慢慢转行做行政，担任学

三尺讲台，妈妈一直耕耘在基础教育领域

校的书记，每天只要学校有什么事情，她绝对会第一时间到岗。小时候，我在我就读的水果湖二小练了5年田径，其实就是因为妈妈上班早，我总是每天7点之前就被丢在了学校门口，武汉的冬天真的太冷了，于是我自告奋勇地报了学校田径队，当时只是为了进去学校有一个地方待着，那几年学校丢沙包、跳远每一年的纪录还都是我破的呢。

爸爸妈妈对待事业很坚定，在他们心里，选择了一个行业一份工作，就要把这件工作在他们能力范围之内做到极致，做到退休。他们也曾遭遇过挫折，但是从来没有说过要放弃或者说要去干些别的。就像爸爸，有一段时间，他所带领的足球队非常艰难，没有任何的资金来源，是他选择站了出来把队伍带上去，坚守住，作为教练撑起了整个足球队的天，也正是这样的一份坚持让他的队员在最艰难的状况下也都愿意跟着他。他对足球长时间的付出让我领略到了坚持的力量。现在爸爸已经没有办法、没有精力再到赛场上去带队员了，但他还是会不断地学习、不断地进步，用别的方式来坚守自己的足球事业，比如讲课，把他的经验总结出来传递给更多的年轻教练。

小时候的我很顽皮，老师在上面讲课，我在下面睡觉，该去训练的时候，我又故意拖拖拉拉、磨磨唧唧的。记得有一次妈妈向我发了很大的火，她骂我学习不愿意好好学，训练也不好好练，三天打鱼两天晒网。小时候的我不理解，为什么一定要练球啊？我想去就去，不想去我就找个理由不去，今天晚上我要写作业啊，我为什么一定要去练球呢？那时候小，虽然嘴上不敢反驳妈妈，但心里会给自己找一大堆不去练球的理由，当然，反驳无效，我还是要乖乖地去练球。现在想起来，真的很感谢我的父母一直以来的督促，我才能走到今天。

刚进国家队的时候，面对新环境，我感受更多的可能是害怕，于是我便对爸爸妈妈说我不想待在这儿了，我害怕，我想回家。爸爸妈妈就对我说，“我问你，是不是你自己当初要选择走这条路的？是不是你自己当初说要当世界冠军的？是不是你自己当初决定要坚持下来的？既然都是你自己说出来的话、做出来的决定，你又怎么能言而无信呢？”当初确实不是我爸妈逼着我，让我一定要怎么样怎么样的，是我自己选择了这条路。“如果确实没有办法坚持下去了，你也没有必要给自己找理由，承认错误，想清楚之后，自己承担后果。”这是爸爸妈妈当时对我说过的另一番话。我一想，既然我已经走到这一步了，既然当初也是我自己决定的，那我就不能轻言放弃，就这样回去，我还是要再坚持坚持，不蒸馒头争口气嘛，自己逼自己留下来。现在想想，其实这也是爸爸妈妈对我的一种引导，引导我说出来的话就要去做到。

我输球了，爸爸妈妈会这样跟我说：输球了，你也不能气馁，你要快点走出来，因为后面还有比赛，还要接着打，不能被一场比赛束缚了。如果我总是说负能量的话，他们会直接不理我，待我冷静下来后他们才会一针见血地跟我说：你之所以会产生这样的想法还是因为训练不到位，所以要抓紧训练。我爸爸是教足球的，对羽毛球他可能没有那么了解，所以不会给我过多有关比赛的建议，更多的是给我一些体能上面的训练建议。你要练什么？你差在哪里？这是他会给我提出来的问题。他不会像别的父亲一样，对我说今天训练得很累了，我们出去吃个饭吧，或者说训练这么累，我们放松一下吧，先别练了，他从不会这样。他只会告诉我说，你的核心很差，所以你要练核心，要一直练。一直以来，他更多的都是站在教练的角度跟我说这些。到现在我都记得父亲以教练的口吻嘱托我的教练："我们没有时间陪她，你们尽管对她严厉一些，做错了就罚，就打，不要惯着她。我们也是教练，我们都能理解，千万不要太心疼她。"

当我开始怀疑自己，不知道前方的路该怎么走的时候，我爸妈跟我说的最多的就是：你要坚持把自己现在应该做的事情做好，抛开杂念，做好自己分内的事情，那就够了，不用去想太多。

一直以来，爸爸妈妈就告诉我，要以坚持作为自己的人生态度。从最初的不理解，到现在深入自己的内心，我才知道，坚持这个品质给我的职业生涯、给我的生活带来了多大的力量。在我迷茫的时候，坚持当初的决定，让我有了前行的方向；在我疲惫的时候，坚持打好每一个球，让我有了继续拼搏的动力。可以说，是坚持成就了今天的我。感谢爸爸妈妈，没有爸爸妈妈当年对那个小小李茵晖的教导，也不会有今天能站在奥运赛场上的李茵晖。

榜样：我的两位偶像姐姐

作为一名运动员，我的榜样不是我可望而不可即的星星，她们就在我身边，就在我可以触摸到的地方，和我亦师亦友，带领我前行，陪伴我成长。

娜姐的《独自上场》传递给我战胜沮丧和颓废的勇气

在和羽毛球相遇之前，我的伙伴是网球，在我眼中很酷炫的李娜就成了我追逐的目标，她的身上我看到了不服输的拼劲与巾帼不让须眉的霸气。即便后来步入羽毛球的道路，她依然是我前进的方向。她给我的感觉很像热血少年漫画的主角，曾经有一段时间她退役了，回到学校读书，但她并没有停止网球训练，而是以知识来丰富、武装自己。运动员的恢复训练是很苦的，但她坚持下来了，选择了复出，突破瓶颈达到了一个更高的境界。娜姐这种清晰的规划与坚定的意志一直以来都是我所追求的。

我喜欢看运动员传记，因为那与我自己的经历很贴合，我能切身体会到每一个字句里所想要传达出来的欢乐、迷茫或者苦痛。2017年最难熬的那一段时间里，娜姐的书就传递给我战胜沮丧和颓废的勇气，那是她的第一本自传《独自上场》。当人处在当下时，会觉得这一天怎么那么难过，怎么那么难熬；但熬过来以后回望时，就会觉得以前自己眼中天大的事好像也没什么大不了，甚至会让人会心一笑。这本自传就写了很多娜姐所经历过的磨难和困难，以一种轻松的语调和打趣的方式，毫不避讳地写出了她所吃的亏，因为在她眼中那是大家都要经历的，没什么大不了的事。娜姐的经历给了我从自缚的茧中蜕变出来的力量。后来我把这本书送给了一个很好的足球队的朋友，希望将这种力量输送给别人。

我的偶像娜姐是湖北武汉人，网球亚洲第一位大满贯女子单打冠军得主

亦师亦友的熊姐是我永远的偶像

我认识熊姐赵芸蕾，是因为我在省二队时的队长佐姐，佐姐现在是湖北女队二队主教练。佐姐跟赵芸蕾姐关系很好，佐姐总是会在训练之余激励我，跟我说，如果我练得好，就给我一件赵芸蕾姐的衣服，让赵芸蕾姐来鼓励我。就这样的契机，我认识了我羽毛球生涯的偶像熊姐。

有一年城市运动会在武汉举行，熊姐代表武汉参赛，我专门买票去看，一直看到决赛。从场馆出来以后我就通过我们的教练要到

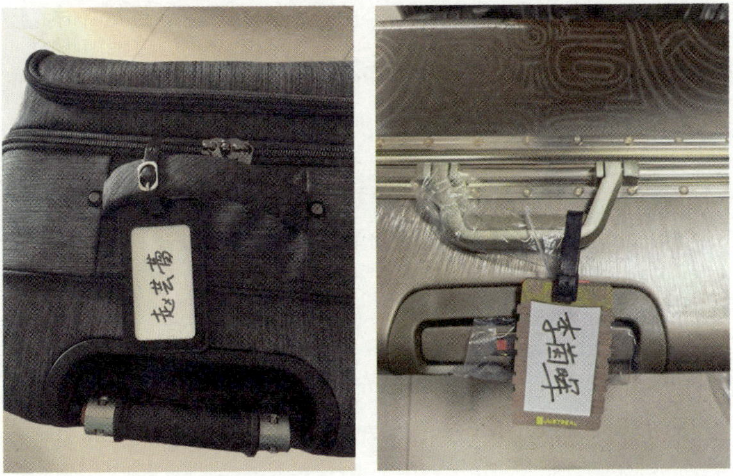

2016 年里约奥运，熊姐出征前，我默默地帮熊姐把箱子拎到车上；2021 年，我拎着自己的箱子奔赴东京奥运。我把这称为“传承”

了赵芸蕾姐的签名票根。意外的是，除了签名，她还给我写了一句话："我在国家队等你！"这句话给我的触动很难用语言来形容；它让我觉得我和我的榜样更近了，也给我树立了信心和目标，让我一直为能和她站在同一个赛场上而奋斗。人家钱包里会放上家人的照片，我的钱包里就一直夹着这张票根，从那开始，就开启了我的追星之旅，看着榜样在国际大赛中披荆斩棘，我也想像熊姐一样，为国争光，开始奋发训练。

2013年，我第一次踏进国家队大门，给熊姐发了第一条信息，"赵芸蕾姐，我来北京啦！"记得当时赵芸蕾姐请我和杜玥吃了在北京的第一顿饭，庆祝我们迈入国家队的大门，为我们接风洗尘。我心里非常开心，终于可以跟我的偶像并肩作战了，虽然那时我还在国家二队集训队，也不一定会留下来。随后几年国家队生涯中，遇到什么困难和烦恼，我就会去找赵芸蕾姐倾诉，我非常信任她。因为我明白，我所经历的一切，走过的路，她都曾遇到过。每次找她的时候，可能她只是对我说几句简单的话语，却能让我心定下来。

熊姐第一次带我打比赛是2013年第十二届全运会。那时我刚上国青队，彼时熊姐已经是双料世界冠军。全运会是团体赛，为了锻炼小队员，我和她成了搭档。能和自己的偶像并肩作战，我紧张和激动的心情无以复加。赛场上熊姐也会指导我，比如哪个球我应该

站在哪里，她会用简单的一句话告诉我；但就这样简单的一句话，实际执行起来的时候就会觉得“原来还可以这么想”“原来还可以这么打”，我才意识到这是多少年、多少比赛积累下的经验。她好像就是那个画龙点睛的人，一两句话就让我醍醐灌顶；在我失误失分时，她又会迅速扭转局面，让我始终怀有信心，敢打敢拼。

2019年的苏迪曼杯，因为就在南宁举行，熊姐、高凌姐这些老队员都作为嘉宾或者特邀专家来到比赛现场，过来支持我们，给我们加油。熊姐来的时候我像吃了一颗定心丸一样，那种曾和我并肩作战保护我的人站在身边的安全感是无论如何都无法替代的。

熊姐场上场下的反差其实是蛮大的，赛场上她是猛虎一般的凶狠，生活中其实是个讲话慢条斯理的人。她是个易过敏体质，所以很爱干净，有时候到我房间一看，就会把我当小孩儿一样“教训”，开玩笑说“你的房间怎么这么多东西啊”。她现在在厦门，生了一个女儿。她和姐夫都属于身高很有优势的人，我就会调侃他们：“小朋友以后起码得有一米九吧？”他们就会笑着说，最多一米七，不能再长了。

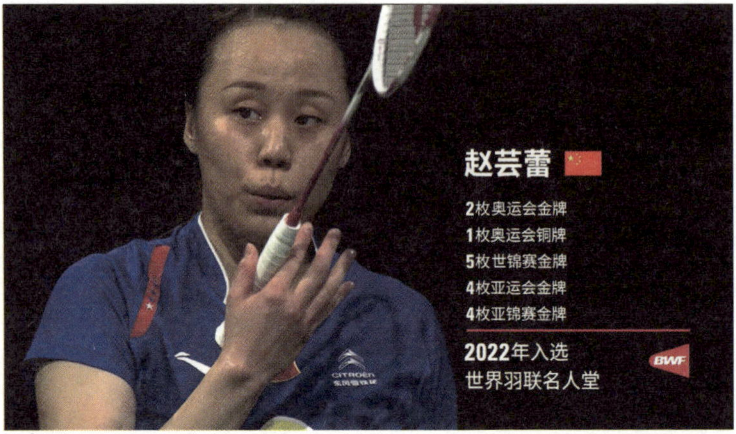

说熊姐是羽毛球历史上的双打传奇，一点都不夸张。一届奥运会斩获双金、连续两届世锦赛同时加冕女双和混双，在一个奥运周期内，就实现了大满贯和双满贯。熊姐的这些成就，目前无人超越。

人生的赛场，赵芸蕾姐同样是全能型选手：2016年里约奥运会退役后，赵芸蕾姐开启学霸模式，同年进入北京体育大学冠军班读研，2018年通过硕士论文答辩。同年，前往成都体育学院攻读博士学位，2021年5月，赵芸蕾姐成为中国羽毛球界首位奥运冠军博士。

毫无悬念地，熊姐的精彩传奇还在继续。

2014年7月
全国团体锦标赛比赛总结

2014年全国团体锦标赛在辽宁锦州落下帷幕，为期十天的征程让我受益匪浅，这是自己第一次参加全国团体锦标赛。

从小组赛开始我就与奥运冠军赵芸蕾姐搭档，小组赛中前两场球自己还是会放不开，打得缩手缩脚，没有把自己的特点发挥好。在对四川的那场球中，比分一直很胶着，双方都没有一点松懈，对手的战术意图也非常明显，就是盯着我打，她们不会让赵芸蕾姐封到球。当她们无论是发接发，还是攻防都针对我的时候，一开始我还是出自己的习惯球，只是一味地想保持进攻、下压和速度，没有去观察对手的情况，对手哪里容易出错，我们打得很被动。赵芸蕾姐在场上不断提醒我，让我把点利用好，注意进攻的线路和自己的套路，注意怎么组织可以让自己连贯，让同伴封到球。在赵芸蕾姐的指点下，我们取得了全胜的战绩。

赛前训练时，我是跟杜玥搭档的，我俩主要是以轮转配合来得分，没有去想球的线路、出球目的。比赛时，教练安排我和赵芸蕾姐搭档，赵芸蕾姐教我注重线路组织和出球目的，这是我此

2014 年是赵芸蕾姐的巅峰时期，她带着我打，一人掌握了三分之二的场地，几乎是掌控全局，而我只需要在后场杀球

次比赛最大的收获，谢谢赵芸蕾姐。

打完四川队以后，自己在场下也是思考了很久，赵芸蕾姐让我印象最深刻的就是她对球的理解和运用，思想上不会局限于小框框里，对细节的把握有更高的领悟。以前我是盲目地凭自己有限的实力去打，到现在有配合、有连贯、有规律地靠着两个人的力量去突破、去冲击。她教给我的，也是自己在今后的训练中要不断强化的。

从理论知识到能在场上合理地运用，这中间有太长的路要走。在后面的训练中自己要反复在大脑里强化这些意识，用脑子打球。

①顺逆风场地战术的运用，顺风场地创造进攻机会和连续进攻的坚决性，有意识去保持控制进攻，逆风场地抢前半场。充分利用场地，让对手多跑几步，就有更多寻找漏洞的机会。

②有丰富的线路特点。不同的对手，有不同的套路和线路，才是对的。吊边线，收吊快吊中路；位置好的情况下，点杀边线让同伴封头顶；点杀中路小对角，同伴位置靠后自己站出来拿球；发接发中的第三拍处理；对手逼压凶的时候拉中路；球不要太顺或者太直没有给人家造成威胁；攻哪里对手肯定摆不出对角线；一些点和结合部，你打到那里，对手回球的落点会在哪里，概率有多大；有的线路对手只能出这样的球，那你就要有意识地去抓，连贯来打。要知道对手是怎么想的。防守线路不只是局限于分球、抽球来反击，也要有到位的两边底线拉开，有这样的变化了，再去抓球，就会迫使对方对我们的防守范围和防守意识扩大。

③自己不足的地方：防守中的位置和节奏，快和硬都不够；两点拉开底线要到位。

训练中一点点地去扣细节，锻炼自己的意识，大胆地去尝试。刚开始失误会很多，尝试改变的同时不能惧怕困难。打一些不熟练的球时，要敢肯定自己。训练成果要在比赛中去实践，加油。

很感谢这次比赛给了我向赵芸蕾姐学习的机会，让我开阔了眼界，知道了原来我对羽毛球的了解才刚刚起步，还有更多的理解需要自己用心去发现，在训练中不断地掌握它，让它变成自己的东西，争取在下一次比赛中更加成熟。

后来，赵芸蕾姐成了我在国家队的教练。赵导不断为我们制订可以突破我们自身瓶颈的训练计划，让我们的水平在训练和比赛中螺旋式上升。

教练：一日为师 终身为父

一路走来，我最感恩的人是我的教练，他们每个人都是全心全意地为我付出，伴我同行，不是亲人却胜似亲人，我对他们的感激实在无法用只言片语道尽。

刘祁文教练

回想那年，我初入省队时，省里女二队的主教练——刘祁文，当时的他还是个大眼睛的帅气男孩，从省队到国家队，他都一直在我背后，给予我前进的力量和温暖的陪伴。

刘导是个十分有趣而幽默的人，性格随和，平易近人，从不轻易对我们发火。而且他也很有经验，教学有方，会细致地分析每一个队员的特点，为我们指明改进方向。刘导还时常叫我一起吃饭，在轻松的氛围里，我们就会像朋友一样谈天说地，他会趁机细心地指出我最近的问题，教导我如何改正，以这样的方式去引导我接受批评。

刘导也有对我毫不心慈手软的时候。以前，我年纪小，不懂事，经常晚上自己偷偷跑出去吃夜宵，做一些违反队规队纪的事情。刘导特别严厉地教训了我，我至今仍然记得他当时说“没有规矩，不成方圆！每个人都必须遵守规矩，一视同仁，没有例外。今天我不罚你，就是对你的不负责任，是对其他队员的不公平”。从那以后，规则意识和原则意识才牢牢刻在我心里。还有刘导从前教育我的“少说话，多做事”“多听、多看、多学”“记得夹着尾巴做人”……简简单单的话语，却包含着他作为教练的一片深情。

2016年，我进入国家队了，他也会同父亲一般把我托付给国家队里的教练，反复叮嘱新的教练要注意我的哪些特点，关注我的哪些方面，他最常说的就是“她虽然大大咧咧的，但绝对是个好孩子，你要好好待她啊！”每次只有等与新教练深入沟通，交代好一切后，刘导才会放心地离开。有一次我们在北京比赛，刘导千里迢迢一路奔波到北京；后来，我在国外比赛失利，情绪低落之际，他也会不远万里来到我的身边，开导我，鼓励我，帮我分析赛场上的表现

我之所以成为双打运动员，也是刘教练发现了我的潜能，发现我是个双打的好苗子

和发挥，提出针对性的改进意见。

刘导就像我的另一位父亲

现在想来，刘导教会我的，其实远不止竞技场上各种各样的运动技巧和千变万化的技战术，更珍贵的其实是他教我的那些为人处世的能力。正确处理各种压力，面对各种挫折，这才是刘导送给我的人生宝藏，这些陪伴着我度过了无数个独自一人的漫漫长夜。

韩晶娜教练

省队的另一位教练——韩晶娜，韩导，也是一直在关心我、鼓励我的一位教练，她看着我不断成长，从省队里一个稚气未脱的新生逐渐蜕变成国家队里独当一面的老将。韩导是一位细致入微的女教练，十分体贴，脾气很好。

对于像我这种容易钻牛角尖的性格，韩导通常都会很细心地把我的问题逐一列举出来，有针对性地帮助我一步步解决问题。正是在韩导的耐心引导下，我才能发现自己很多细节方面的不足，及时改正，才能最终找到问题的根源所在。在日常的生活里，韩导对我也是无微不至，平日里更多的是鼓励和关心，她最常挂在嘴边的便是“茵晖，坚持住！”“加油！”这类的话语；她知道我身体不太好，也深知我经常会给自己很大的压力，这时，韩导就会一直给我发消息，问我“今天过得怎么样呀？”“有没有记得按时吃饭？”诸如此类的短信，一条接着一条，像家人一样陪伴着我熬过迷茫，战胜挫折。

韩教练是一位很温柔的教练，在我没犯错的时候

记忆里，韩导最严厉的一次批评，也是出于对我的担忧和爱。有一次全国比赛，我腰受了很重的伤，医生说只能卧床静养，我也实在动弹不得。但当时的我一心想着，队伍需要我，国家需要我，我心中的焦虑与日俱增，产生了抵触情绪，一意孤行地喊着“我要上场，不管怎么样，我都要去参加比赛！”但其实我们心里都很清楚，以这样的状态上场，结果注定是失败。韩导再三劝阻我，苦口婆心地跟我讲道理，要我好好养伤，痊愈后再投入训练，但我当时就是怎么都听不进去。面对我的冲动和固执，韩导第一次对我发火，使我真正冷静下来，权衡利弊后我才重整旗鼓，全心全意准备后面的比赛。

在我比赛失利，遇到难以突破的瓶颈时，她会一遍一遍地告诉我，这个时候我只能靠自己，要想办法顶住压力，全力克服眼前的困难。“咱们湖北也靠你啦，加油！”“队里的小孩儿都等着你胜利归来呢！”如果仅仅只局限于我个人的成败得失，面对无数次困难，我可能早就轻言放弃了，但想起韩导对我的支持和期盼，无论如何，我都会咬牙坚持。

刘导、韩导和我，都不善言辞，我们其实很少用直白的言语表达内心感情，但我们之间的深厚情谊是可以真真切切感受到的。他们对我，从来都是平静的陪伴，很多时候都是在默默地关注我，呵护我，教导我，鼓励我；我对他们，也很少会直接说出我内心的感激，而是经常与他们分享我的喜悦。无论我走到哪里，我都会记得给韩导的女儿带一些新奇的小礼物，也不会忘记给刘导带回他喜欢的各种东西，礼轻，但情谊重。

未来，无论我去向何方，走向何处，我都会一直想念着我的教练，牵挂着他们，就像多年以来，他们时刻牵挂着我一样。不管他们还当不当教练，不管他们后来去了哪里，他们都永远是我的师傅，是我最感恩的人。再忙，再累，再远，我也会常回去看看他们，陪他们叙说近况，聊聊家常。

搭档：并肩作战的队友

走上羽毛球运动员职业道路之后，我遇到了杜玥、张楠（楠哥）和黄东萍。这些搭档是实实在在与我并肩作战的队友，参与着我的人生，共同经历成长的磋磨，也共同享受胜利的荣耀。

茵玥组合

初次见到杜玥，是在湖北省的省运会上，我俩单打，激烈地争

茵玥组合

夺着第七、八名。杜玥代表宜昌，我代表武汉，两个人打得热火朝天，不分上下。尽管我尽了自己最大的努力，但还是在比赛中落败了，打完这次比赛后她就被选拔进了湖北省队。我在省预备队打了一年基础，第二年的湖北省锦标赛我拿了冠军，也跟着进了省队，开始了我俩朝夕相处的职业生涯。

小时候的我们

在湖北队时，训练虽然很辛苦，但也很快乐。记得田径场上当时有一个很高的铁艺台阶，我们两个总是喜欢爬上去坐在最上面，聊天，看夕阳，打发训练之余的闲暇时光。有一次我们两个想试试手机有没有可能从缝隙里掉下去，结果我的手机没有掉下去，杜玥的就掉下去了，摔得“粉碎性骨折”，当时我们并没有懊恼，而是觉得很好笑，那段时光是我们最快乐最单纯的时光。

小时候的我们都很顽皮，用武汉话说，我俩都比较“拐”，因此我们常常因为各种各样的原因被教练惩罚。印象最深的一次被惩罚经历，是有一年暑天我们想吃当时首义园小吃街热卖的“滚粥”，于是我们心存侥幸地溜出大门。然而越怕什么就越来什么，刚出大门就被教练正面撞上，教练要我们写检讨，并且罚跑6000米一周，于是每天开始训练前我们俩就下楼跑步。

只怕教练当时也是去吃滚粥的吧？

武汉的夏天酷热，我们顶着太阳跑啊跑，边跑边约定，如果哪天田径场被拆了，我们一定要坐在这里，吃着零食看着它被拆。后来得知阅马场基地要拆了的消息，我们俩便兑现当年的诺言，从小卖部买了两包薯片，坐在田径场旁边，看着挖掘机把田径场夷为平地。

那时候，我们俩还经常说要背着炸药包，去炸体育场。小时候，觉得拆了田径场，炸了体育场，教练就再也不能罚我们跑步了，就好像这个噩梦般的地方不会再有了。后来到了新的训练基地，我俩依然经常偷偷出去玩，教练也是依然罚我们写检讨、跑步。顽皮归顽皮，但每每训练的时候，我们都会端正自己的态度，毕竟我们是时刻为了比赛而准备着，为了能够更上一层楼而准备着，时间宝贵，机会也很宝贵。

那些并肩作战的岁月

然而我们之间的关系到2014年，我俩17岁的时候遇到了瓶颈，也许是我们对彼此都太熟悉了，我们自认为能够清楚地理解彼此心中所想，而恰恰是这种想法使我们都觉得不需要太多的沟通，有一段时间我们俩没有话说。2016年的里约奥运会结束后，国羽开始了新一轮的奥运备战周期，此时，我和杜玥经过岁月的历练，都成熟了许多，2018年我俩又重新组合在了一起，此时我们有了共同的奋斗目标——奥运会金牌，我们不再和小时候一样闹孩子气，出现矛盾时都会积极主动地去解决、去沟通，我们的默契依然在。

杜玥对待事业非常认真严谨，每天按部就班地训练，每天都有新的收获和进步，所以她的生活非常充实，而我时时刻刻都能与她共情这种充实。从和杜玥重新组合，到出战东京奥运会期间，我和杜玥的关系更加紧密了。备战期间我们共享经验，我把我从其他搭档那里学来的知识技能分享给她，她也把她学到的新东西教给我。

我们俩搭档打国际比赛期间的趣事也很多。

2019 年的世锦赛、军运会，2020 年的东京奥运，
一路见证了我们的努力拼搏，也见证了我们的友谊

印象最深刻的一次是在瑞士的“奇妙冒险”。2019年世界羽毛球锦标赛在瑞士巴塞尔举行，我们当时住的房间较小，洗衣服都需要出门走到很远的投币式洗衣店里去洗。我们查了地图，发现最近的洗衣店居然在“隔壁”的法国的一个小镇上，于是我跟杜玥向酒店租借了自行车，这样会更加方便出行。巴塞尔的有轨小火车就在市中心的各个街道里穿梭，一开始我们都还有些不太会看小火车的红绿灯，非常小心，等我们回来的时候就已经熟悉路段了，我们骑着自行车拎着洗衣袋边欣赏着欧洲建筑和风景边聊着天，我还在为拐弯会不会撞到小火车而担心目视前方时，杜玥在后面跟着我，还在叫我：“看那边！好漂亮！”话音刚落，杜玥的自行车卡在了路中间变道的铁轨里，摔了一跤，一开始我都没发现。突然听不到有人在我后面叽叽喳喳了，转身一看，杜玥已经在地上了，虽然我们俩都觉得很好笑，但杜玥因为担心回到队内后被教练教训，坐起来第一句话竟然是“不要告诉潘导”，当时我笑得前仰后合，原本我很担心她的伤势，结果被她一句话给逗笑了。

在丹麦、法国比赛期间也发生了许多有趣的事情。有一天我们傍晚在丹麦“安徒生之乡”欧登塞出去夜跑，跑着跑着就迷路了。丹麦人晚上都习惯待在家里，每一栋小别墅都充满了童话的气息，当时是北欧的冬天，真的太冷了，我和杜玥迷路的时候我还在说，切身体会到了卖火柴的小女孩的故事，街上人很少，路灯昏暗甚至没有开灯，路面黑漆漆的，安静得只能听到街边小溪的水流声音。因为害怕，我们越跑越快，越跑越快，最后几乎是以百米冲刺的速度奔向酒店的。

杜玥于我，是队友，是朋友，更是亲人。我们一块儿长大，一块儿训练，13岁开始搭档，从少年队到国家队，杜玥陪伴着我的大部分职业生涯。一路走来，我习惯了身边有杜玥的日子，有过矛盾，但更多的是开心是感动。

混双时的靠山——张楠哥

以前打女双的时候，一般由我来负责后场。队里为了训练我网前的技术，将战术雕琢得更细致更全面，2016年开始，教练安排我和楠哥打混双。以往在混双比赛中，男运动员处于主导地位，而女运动员则相对弱一些。但从我们这一代开始，混双和男双都产生了新潮流，即以快为主，追求速度和力量。新的训练思路突破传统混双的打法，强调男女均衡，不管是男运动员还是女运动员，都要把速度提上去，把力量练起来。女孩的实力上来了，就能在速度和力量上与男孩形成一定的同步。照着此种思路开展的训练，对我来说还是有些吃力的，但同时收获也是最大的，尤其是在技战术方面，我都有了一定的自我突破。后来这些技战术知识和经验随我回到了女双队伍里，为我的训练和比赛提供了不少启发和帮助。回想起来，和楠哥搭档混双的这几年，我学习了很多男性化的打法，培养了我的全面性。

在球队里我是比较另类的一个，一般专门打网前的女生才会打混双，而我是打后场的，再到混双里打前场可能存在一些问题，教练也会拿这个开玩笑。楠哥这个时候就会鼓励我，让我不要怀疑自己，打出自己的特点。在训练混双配合的过程中，楠哥教给了我许多男孩的打法，这些是我在打女双的时候都没有听过也没有尝试过的，比如楠哥就告诉我后场组织的一些思路，打到关键时刻，我在后场杀球，由我来进攻女选手，由楠哥来封网，神奇地，这样打反

楠哥教我混双与女双两相相长

而配合效果更佳。他还传授我一些训练的方法，比如将复杂的技战术简单化，再去反复训练这些被简化的东西。打混双对女双有哪些好处，他都会一一列举出来。如果我在训练的过程中出现了做得不够好的地方，楠哥也会当场指出来，就事论事。

赛场上，楠哥思维比较清晰。2016年法国公开赛我第一次和他组队打混双，第一场球我就能清晰地感受到他的掌控力，每一拍会打到哪里，别人会回什么球似乎都在他的掌控之中，所以我也知道我下一步应该怎么去做，怎么配合楠哥。赛场上他的话很少，不会说教，而是用行动来告诉我每一拍应该怎么打，站到哪个位置更合理。楠哥在日常训练的时候，是下了苦功夫的，他能把每种技战术打得很通透。

他教我关注以前我想都想不到的细节，他会计算球落到某个点的概率，提前准备；他还教我看灯、球和球场的比例，让我思考以球的运动速度到达地面应该是界内还是界外，具体到每个球会落在哪个点上，怎么去接触这个球可以打到哪个点……在和他交流之前我从未想到过数学和物理的知识可以运用到羽毛球场上，他还曾调侃我数学是不是没学好。这样的“科学训练方式”让我的格局一下子打开了，我也真正体会到他能拿到两届奥运会冠军是有他的道理的。

也是楠哥教会我怎样看录像的。楠哥对自己的要求很高，出去比赛时，就连治疗他都在看技术录像，弄得我拿着iPad心里想着看看电视剧放松一下都会觉得很罪恶。楠哥会告诉我要看什么，怎么看，在楠哥的影响下，我也给自己定了一个小目标，那就是无论当天我有多忙多辛苦，我都会抽出半个小时到一个小时来看比赛录像。

看比赛录像可以实现比赛技战术经验的积累，赛后看比赛回放剖析每一个球的路线和节奏，可以增加对自身的了解。

我从楠哥身上学到了许多东西，其中有一点便是他的自律精神。他从来不喝冷水，每天都在泡人参水、温水等给自己做补充，因为他知道只有这样才能保护好自己的身体，保持较高的身体水平。

楠哥虽然在训练场、比赛场上对自己、对我们的要求都很严格，但到了生活里就会有些反差萌，会和我们一起打游戏，会反复地看《天龙八部》，还问我看不看。我回答没有像他这样一直看时，他就会说：“你没有情怀。”楠哥是北京人，一点辣都不能吃，黑胡椒也不能吃，我们也老是拿这个开玩笑。比较有缘分的是我和他的生日很近，有一年在德国，别人给我们买了个蛋糕，我们就干脆一起过了个生日，完全没有年龄差带来的距离感。

现在看来，在那段时间里，我艰难地往上爬，楠哥和教练一直在鞭策我。在赛场上，楠哥用他老练的技术和丰富的经历撑起比赛，遇到变局时，楠哥会冲出来保护我，站到我面前，像保护伞一样把所有的责任担下来，减少我的压力。楠哥带着我出战了很多场比赛，我很感激楠哥参与了我的生命，也带给我不一样的训练经验和人生经历。

楠哥是两届奥运会金牌得主，也是我场上的靠山

我和东萍的女双搭档

在和楠哥搭档混双的同时，我还兼项和黄东萍搭档女双，说起来那段时间我真可谓是敢拼敢打。黄东萍和我一样也兼项混双和女双，这对于我们来说非常耗费体力。在当时的国际比赛背景下，日本队也好，韩国队也好，她们都只是主攻女双这一个项目，而我们兼项的就一天要打两场球，甚至一天要打四场球。在这种条件下，我们对抗日本队、韩国队都是有些吃力的。

我俩在一块儿搭档的时间并不算很长，但就是在这短时间内，我俩出去打了好多场比赛。参加公开赛的时候，并没有抱着能进决赛的想法。让我们意想不到的是，五站公开赛，我们前四站都进了决赛，然而遗憾的是，我们每次进决赛都只能拿到第二名。

不过现在想来，那时候的我俩都还是很不错的，毕竟我俩都兼项，女双能进决赛，混双也能进决赛，参与的比赛场次要比其他对手多上一倍。不过，相较于以前国羽兼项队员的战绩，我们还是有些逊色的。也许在外人看来，我们足够优秀，其实我们经常感到惭愧，担心国羽的荣誉砸在我们手上。

实话实说，在比赛最集中的那段时间，打比赛不是最辛苦的，洗衣服才是最辛苦的。我和黄东萍打完比赛要扛着一大包队服回宿舍，到了宿舍之后，明明两个人累到一躺床上就能睡着的地步，但是包里还有一堆队服等着我们洗。每打完一场比赛就换下一套队服，有时候一天有两套甚至四套队服要洗，我俩就苦恼地在宿舍手洗队服。回到宿舍之后不仅是洗衣服，还要看比赛录像。看完混双的比赛录像紧接着看女双这边的录像，我得知道我是怎么输的怎么

在我兼项的那段时间里，我面临了不少前所未见的困难阻碍，也学到了不少新东西，交到了许多志同道合的朋友

赢的，必须要调整好自己的心态和身体状态。

东萍看起来大大咧咧，实际上她心挺细的。印象深刻的是有一年在越南打比赛，可能是由于房间内空调温度调得太低，我发起了高烧，体温最高达到了39℃。而当地的医疗卫生条件很差，我一直没能得到很好的治疗。当时团体赛正在进行，大家都有比赛要打，没有太多的时间照顾我。我只能一个人在房间里待着，脑子烧得昏昏沉沉，身上提不起半点力气，紧紧裹着身上的被子却还是觉得如同掉进冰窖般冷。后来黄东萍比赛完回来了，她将一块毛巾浸湿拧干后敷在我的额头上，为我进行物理降温。守在我的床边隔一会儿就给我换上新的冰毛巾，还帮我把前一天没洗的衣服洗好晾上。最后是在她和贾一凡的照顾下，我才逐渐把体温降了下去。

2019年的军运会，我和黄东萍又见面了，昔日的搭档成了角逐金牌的对手。不瞒你说，当时我的心还有点悬呢，我想着人家东萍主要在练习混双，而我这时候基本没再兼项了，回到了我女双的老本行，再被东萍打败了，岂不是要被东萍给调侃了吗？后来转念一想，不管是哪一方获胜，都是中国获胜，领奖台上至少有两面中国国旗。好在，我和杜玥赢得了这场比赛的冠军，而我的好友东萍更是在东京奥运会上一举收获混双冠军，也算是我们都没有辜负祖国对我们的栽培。

离开了国家队，我才有时间在寂静的夜晚里回想起和他们相处的点点滴滴，杜玥、东萍、楠哥他们还在赛场上打拼，追逐各自的梦想。我祝愿我的搭档们，我亲爱的队友们，都能尽享人生旅途一路的灿烂风光。

我的历年比赛成绩

2014年

2014 年亚洲青年羽毛球锦标赛女双亚军

2014 年世界青年羽毛球锦标赛混合团体冠军

2014 年世界青年羽毛球锦标赛女双季军

2015年

2015 年亚洲青年羽毛球锦标赛混合团体冠军

2015 年亚洲青年羽毛球赛女双冠军

2015 年中国澳门羽毛球黄金大奖赛混双四强

2015 年世界青年羽毛球锦标赛混合团体冠军

2015 年世界青年羽毛球锦标赛女双亚军

2015 年泰国羽毛球黄金大奖赛女双冠军

2016年

2016 年中国澳门羽毛球黄金大奖赛混双冠军

2016 年中国香港羽毛球公开赛女双亚军

2016 年中国羽毛球超级赛混双亚军

2016 年中国羽毛球超级赛女双亚军

2016 年碧特博格羽毛球黄金大奖赛女双四强

2016 年法国羽毛球超级赛女双四强

2016 年法国羽毛球超级赛混双四强

2016 年新西兰羽毛球黄金大奖赛混双亚军

2016 年马来西亚羽毛球大师赛混双冠军

2016 年马来西亚羽毛球大师赛女双四强

2016 年全国羽毛球单项锦标赛女双冠军

2016 年中国羽毛球公开赛女双亚军

2016 年中国羽毛球公开赛混双亚军

2016 年世界羽联澳门黄金赛混双冠军

2017年

2017 年德国羽毛球公开赛混双冠军

2017 年德国羽毛球公开赛女双亚军

2017 年泰国、德国两站黄金赛混双冠军

2017 年第十三届全运会羽毛球女子团体亚军

2017 年第十三届全运会羽毛球女双季军

2018年

2018 年中国（陵水）国际羽毛球大师赛女双冠军

2019年

2019 年亚洲混合团体锦标赛冠军

2019 年德国公开赛女双冠军

2019 年马来西亚公开赛女双亚军

2019 年 5 月苏迪曼混合团体赛冠军

2019 年 8 月瑞士巴塞尔世锦赛女双季军

2019 年 10 月第七届世界军人运动会女双冠军

2020年

2020 年 1 月马来西亚大师赛女双亚军

2020 年 3 月伯明翰全英赛女双亚军

2020 年 9 月羽超联赛代表厦门特房获季军

2021年

2021 年 4 月全国羽毛球冠军赛女团冠军

2021 年 9 月第 14 届全运会女团冠军

致谢

人生中的这一段经历将影响我一生，从青春少年到理想青年，满怀理想也曾前途迷茫。

感谢羽毛球生涯里的每一位领导与教练。感谢张军主席、李永波教练、潘攀教练、潘莉教练、陶嘉明教练、姜金珍教练，备战东京奥运会这个最重要的时期，你们给我最大的鼓励与支持，这段难忘的经历会伴随我未来的人生。感谢王茂婷教练、田敏教练、王佐教练、刘祁文教练、万正文教练、韩晶娜教练、赵芸蕾师姐，职业生涯里经历无数低谷与攀登时刻，你们对我细心栽培，帮助我突破技战术难关，传授宝贵经验，让我能够站上世界的舞台。

感谢我的朋友与队友，你们的帮助与支持是我大多数时候的底气。我们一起战斗过，一起经历过磨难，分享过胜利的喜悦，等待过风雨后的彩虹，相信今后我们都会在自己的领域发光，希望他日顶峰再相见！

感谢我的父母。不管我走多远，只要回头，你们永远在那里支持我，我的每一个脚印，都包含了父母对我的谆谆教诲和无私关爱。大恩无以言报，只能不断奋斗，希望父母可以为我感到骄傲！

感谢华中师范大学体育学院对我的教育之恩。一路走来所遇之人皆为良人，传道授业，亦师亦友。感谢我的导师王斌教授与同门的兄弟姐妹，你们就仿佛是我行走于灰暗道路一刹那出现的明灯。

感谢华中师范大学出版社与《坚韧的力量——茵晖羽记》的创作团队，感谢刘从德老师、李蓉老师、段山老师、董浩老师，团队的光为我照亮新的一段前行的路。感谢你们对我的支持，在我不自信的时候给我肯定与鼓励，在我懵懂又迷茫的时候为我亮起了明灯。你们都是我人生道路上的同伴和指路人。

感谢每一位支持我的朋友，是你们的爱给予我无限可能，让我成为更好的自己!

也希望能够有幸成为读过这本书的每一位读者的明灯，助他人前行。